Gustav Bilfinger

Die antiken Stundenangaben

Gustav Bilfinger

Die antiken Stundenangaben

ISBN/EAN: 9783743342859

Hergestellt in Europa, USA, Kanada, Australien, Japan

Cover: Foto ©ninafisch / pixelio.de

Manufactured and distributed by brebook publishing software (www.brebook.com)

Gustav Bilfinger

Die antiken Stundenangaben

DIE

ANTIKEN STUNDENANGABEN

VON

GUSTAV BILFINGER.

STUTTGART.
VERLAG VON W. KOHLHAMMER.
1888.

L. Fr. Fues'sche Buchdruckerei, Tübingen.

Meinem lieben Vater

Hermann v. Bilfinger

königl. württ. Bergratspräsidenten a. D.

zum achtzigsten Geburtstag

gewidmet.

Vorwort.

Tausende von Stellen in unseren antiken Texten reden von Ereignissen, die sich um diese oder jene Stunde des Tages, um diese oder jene Stunde der Nacht begeben haben und stellen dem Altertumsforscher die Aufgabe, sich über die zu Grunde liegende Berechnungsweise klar zu werden. Daß die Alten bei der Zählung ihrer Stunden nicht wie wir von Mitternacht und Mittag ausgingen, daß sie vielmehr Sonnenauf- und -untergang zum Ausgangspunkt ihrer doppelten Reihe von 12 Tag- und 12 Nachtstunden machten, das ist eine Thatsache, die auch dem oberflächlichsten Kenner des Altertums geläufig ist. In diesem Sinne weiß jedermann, daß eine sechste Stunde nach unserer Uhr und eine sechste Stunde nach antiker Uhr zwei wesentlich verschiedene Dinge sind. Eine andere Frage dagegen blieb dabei ungelöst, ja fast unbeachtet. Da die antiken Schriftsteller bei solchen Stundenangaben in der weitaus überwiegenden Mehrzahl der Fälle die Ordinalzahl gebrauchen und sagen: die Mondsfinsternis trat ein um die hora sexta noctis; die Malzeit findet statt um die hora nona diei und ähnliches, so bleiben zwei Auffassungen möglich. 1) Man versteht die Hora als einen Zeitraum und nimmt an, daß die Mondsfinsternis in dem sechsten Zwölftel der Nacht, nach unserer Rechnung zwischen 11 und 12 Uhr Nachts eingetreten sei. 2) Könnte die antike Ausdrucksweise auch unserer modernen entsprechen, wenn wir ein Ereignis um so oder so viel Uhr eintreten lassen, dann hätte die Mondsfinsternis, von der die Rede ist, nicht zwischen 11 und 12 Uhr, sondern eben um 12 Uhr, d. h. genau um Mitternacht ihren Anfang genommen. Welche von beiden Auffassungen ist nun die richtige? Kein Wörterbuch, keine Grammatik, kein Commentar giebt darüber Aufschluß. Selbst die Frage wird kaum aufgeworfen. Der einzige Gelehrte, der sie klar formuliert, ist Becker, wenn er in seinem Gallus (Excurs über die Uhren II, 300) sagt: „Eine schwer zu beantwortende Frage ist: ob bei Angabe der Stunden, wie hora sexta, nona, decima, die laufende oder die bereits verflossene Stunde gemeint wird — hiebei wird eine Stelle aus Salmasius citiert, in der die Frage thatsächlich nicht berührt ist —, so daß z. B. horâ nonâ nicht die (Äquinoktial-) Stunde von 2—3 bezeichnete, sondern so viel wäre als: „um drei Uhr". Eine Antwort auf diese Frage hat aber auch Becker nicht gegeben und so ist es nicht zu verwundern, wenn die Erklärung der einschlagenden Stellen im einzelnen Fall vom Zufall diktiert zu sein scheint. Zu

Horaz, Satiren (II, 6, 34), wo der Dichter ante secundam (horam) an das Puteal auf dem Forum Romanum kommen soll, erklärt Krüger „also noch vor sieben Uhr Morgens" und geht demnach von der Bedeutung des Zeitraums aus. An einer anderen Stelle, wo Horaz erzählt, sie seien quarta vix demum hora ans Land gestiegen (Sat. 1, 5, 23), wird in demselben Commentar die quarta hora des römischen Dichters mit unserem 10 Uhr vormittags gleichgesetzt, also der Moment der abgelaufenen Stunde zu Grunde gelegt. Wenn diese Inconsequenz bei einem und demselben Erklärer stattfindet, so ist an eine Übereinstimmung zwischen den verschiedenen Gelehrten noch weniger zu denken. Im allgemeinen aber findet man bei den Philologen der neueren Zeit vorherrschend die Neigung, die Stundenangaben der antiken Texte im Sinne der laufenden Stunde zu fassen. So bestimmte das Handbuch der römischen Privataltertümer von Becker-Marquardt in seiner früheren Auflage (z. B. I, 305) die Hauptmalzeit der Römer auf 2½ Uhr im Sommer, 1½ Uhr im Winter, indem die hora nona, die in den antiken Texten als Zeit des Hauptessens erscheint, als Zeitraum von 8—9 Uhr (im Durchschnitt unserem 2—3 Uhr entsprechend) aufgefaßt wurde. Dieselbe Anschauung vertritt die Stuttgarter Realenzyklopädie, wenn es im Artikel hora heißt: „Hat nun ein Römer täglich um die neunte Stunde ein Geschäft gemacht, so geschah dieses, nachdem zwei Stunden nach der Mittagszeit verflossen waren", und auch Ideler (Handbuch der Chronologie II, 13) berechnet den

Zeitpunkt, wo die Römer am längsten Tag nach unserer Uhr zu Tische gingen, auf 2 Uhr 31 Minuten nachmittags, indem er von der Voraussetzung ausgeht, daß es mit dem Anfang der neunten Stunde geschah. Gründe für diese Entscheidung werden in den meisten Fällen nicht angegeben, nur hie und da wird Martialis IV, 8 als eine Stelle angezogen, die für die Bedeutung des Zeitraums der laufenden Stunde sprechen soll.

Dieser Sachlage gegenüber schien es mir der Mühe wert zu sein, den Gegenstand näher ins Auge zu fassen und eine Frage, von deren Beantwortung die Auffassung unzähliger Stellen in unseren antiken Texten abhängt, womöglich zu einem endgültigen Abschluß zu bringen. Das Schlußergebnis meiner hierauf bezüglichen Forschungen: Die antiken Stundenangaben sind überwiegend und der Regel nach im Sinne der abgelaufenen Stunde aufzufassen, ganz wie die entsprechenden Ausdrücke der modernen Sprachen — habe ich schon im Jahr 1883 in einer dem Programm des Eberhard-Ludwigs-Gymnasiums in Stuttgart beigegebenen wissenschaftlichen Abhandlung dem gelehrten Publikum vorgelegt. Friedländer in seinem ausgezeichneten Commentar zu Martialis (zu IV, 8), Dr. Mau, der neueste Herausgeber der römischen Privataltertümer von Becker-Marquardt, und andere Gelehrte haben dem Ergebnis meiner Untersuchung zugestimmt, und wenn da und dort noch ein Zweifel in Bezug auf die allgemeine Gültigkeit desselben geäußert wurde, so war das schon durch die Natur meiner Abhandlung bedingt, die, auf den engen Rahmen eines Gymnasialprogramms angewiesen, nur die Hauptsache feststellen, die Ausführung im einzelnen einer späteren ausführlicheren Behandlung überlassen wollte. Der Beweis, daß in vielen Fällen die antike Stundenangabe im Sinne der abgelaufenen Stunde aufgefaßt werden müsse, ließ sich auch auf dem beschränkten Raum einer knappgeschürzten Abhandlung erbringen. Allein damit war nur die Hälfte gewonnen. Es war damit der Nachweis geliefert, daß die Stundenformeln diese Bedeutung haben k ö n n e n. Daß dies aber die gewöhnliche und regelmäßige Bedeutung sei, die Bedeutung, die wir in unseren Texten zum voraus voraussetzen müssen, wo nicht ein zwingender Grund für die entgegengesetzte vorliegt, diese Überzeugung ließ sich nur durch ein langes, einen großen Teil der antiken Litteratur umfassendes Zeugenverhör gewinnen. Ein solches Zeugenverhör findet der Leser in der Schrift, die ich hiemit der Öffentlichkeit übergebe; vielleicht findet ein wohlwollender Beurteiler noch des weiteren, daß der Verfasser sich bemüht hat, durch Verteilung und Gruppierung des Stoffes zu gleicher Zeit ein Bild der Tageseinteilung im klassischen Altertum überhaupt nach ihrer historischen Entwicklung zu geben, ein Bild, das rückwärts an die Zeit vor Einführung der Stundenrechnung anknüpfen und vorwärts das compendiarische Horensystem der mittelalterlichen Tageseinteilung in sich befassen sollte.

Schließlich bemerke ich noch, daß der Inhalt meiner ersten Abhandlung „Antike Stundenzählung" im großen

Ganzen zwar in die vorliegende Schrift übergegangen ist, daß aber in untergeordneten Einzelheiten, wie z. B. in der Auffassung der hora sexta noctis pridie Calendas Januarias der Digesten meine jetzige Ansicht von der damals vorgetragenen abweicht. Ähnlich glaubte ich auch in der Behandlung der Tabelle der Mondsauf- und -untergänge aus Cassianus Bassus (S. 93 ff.) die Mängel der antiken Methode schärfer betonen zu müssen, als ich es früher in einem hierauf bezüglichen Aufsatz (Jahrbücher für klassische Philologie 1884. 7. S. 488 ff.) gethan hatte.

Stuttgart, im Oktober 1888.

G. Bilfinger.

Inhalt.

Seite

I. Einleitung 1
Bedeutung der Stundenformeln in den antiken Texten S. 1.
Die Stundenformeln im Sinn der laufenden Stunde S. 2.
Ausdrucksweise der griech'schen Astronomen S. 3.

II. Hora als Zeitpunkt 6
Inter horam III et IV. S. 6. Ad horam IV, post horam IV
S. 9. Erklärung durch hinzugefügte Berechnung S. 12.
Stundenformeln mit der Cardinalzahl S. 15.

III. Hora sexta 19
Hora VI = genauer Mittagspunkt S. 19. Beispiele aus dem
Kreis der mathematischen Geographie S. 20. Bestimmung
der Mittagslinie S. 21. hora = Azimut S. 24. hora VI
= Meridian S. 25. Beispiele aus dem Kreis der Chronologie S. 26. Varro über die Tagesanfänge S. 29. hora
sexta noctis pr. Cal. Januarias in den Digesten = Mitternacht vom 31. Dezember auf 1. Januar S. 33.

IV. Hora 0 und hora XII 38
= Sonnenaufgang und Sonnenuntergang S. 38. Krankengeschichte aus Galenus S. 39. Derselbe Sprachgebrauch im
Lateinischen S. 45.

V. Vierteilung des Tages. horae canonicae 46
In Griechenland: ursprüngliche Dreiteilung S. 46. Spätere
Vierteilung des Tages S. 47. In Rom: die vier Nachtwachen S. 48. Die vier Teile des Tages S. 49. suprema
= hora nona S. 50. suprema bei Tertullian S. 51. suprema
in den XII tabulae S. 53. Hornsignale zur Bezeichnung
der Tagesviertel S. 54. prima, secunda, tertia bucina S. 57.
Die Vierteilung des Tages im Neuen Testament S. 59. Die
Vierteilung als Grundlage der horae canonicae S. 62. Das
ursprüngliche System der horae canonicae S. 63. Der
Hahnenschrei S. 65. Entstehung der hor. can. S. 67. tempus
legitimum persolvendi Horarum officii S. 69. Vierteilung
des Tages auf physikalischem Gebiet S. 71.

VI. Uhren und Stundentafeln 74
Alter der Stundeneinteilung in Griechenland S. 74. Älteste
Uhren in Rom S. 75. Drei Arten von Zeitmessern S. 75.
Die Stundentafeln S. 76. Die Wasseruhr S. 79. Prüfung

einer Wasseruhr nach Galenus S. 82. Die Sonnenuhr S. 84.
Antike Methode, den Durchmesser der Sonne zu berechnen S. 86.
VII. Stundenbrüche 87
Minuten und Sekunden? S. 87. Stundenbrüche bei den Astronomen S. 91. Stundenbrüche in der gewöhnlichen Litteratur S. 92. Tabelle der Mondsauf- und -untergänge bei Cassianus Bassus S. 93. Kritik der Tabelle S. 97. Berechnung des Plinius S. 100. Herstellung der Tabelle S. 102. Die Inschrift von Lamasba S. 103. hora 18 und hora 8 S. 109.
VIII. Die Stundenangaben der Leidensgeschichte 110
Differenz zwischen Johannes und den Synoptikern S. 110. Erster Versuch, den Widerspruch zu heben S. 112. Zweiter Versuch S. 112. Dritter Versuch S. 114. Augustinus über die gewöhnliche Bedeutung der Stundenformeln S. 115. Beda über dasselbe S. 116.
IX. Martialis IV, 8 117
Erklärung im Sinn der laufenden Stunde S. 118. Erklärung im Sinn der abgelaufenen Stunde S. 120. Das tägliche Leben in Rom S. 120. Die Salutationes S. 120. Die Gerichtsverhandlungen S. 122. lex Coloniae Juliae Genetivae Urbanorum S. 123. Prandium S. 124. Meridiatio S. 126. Turnen und Bad S. 127. Die Coena S. 127. Die nona als Ende des Fastens S. 128. Verschiebung der Non im Mittelalter S. 129. Schluß des Tagewerks S. 130.
X. Hora prima canonica 131
Ausnahmen von der gefundenen Regel S. 132. lex metalli Vipascensis S. 133. hora prima correkt = 1 Uhr S. 133. Incorrekt = Sonnenaufgang S. 134. Belege S. 135. Die Arbeiter im Weinberge S. 138. hora prima canonica S. 140. Entstehung S. 141. Erklärung der Unregelmäßigkeit aus zwei Thatsachen. Die sprachliche Thatsache S. 142. Die kulturgeschichtliche S. 144. Die Formeln für astronomische Gradbezeichnung S. 145. μοῖρα πεντεκαιδεκάτη = 15° S. 146. πρώτη μοῖρα = 1° S. 147. πρώτη μοῖρα = 0° S. 148.
XI. Nachtrag 151
Die Stunden zur Bezeichnung der geographischen Breite S. 151. Die Parallelkreise des Ptolemäus S. 152. Antike Methode, die Ab- und Zunahme des Tages zu berechnen S. 153. Tabelle der Tageszeiten für Alexandria S. 157, für Athen S. 158. für Rom S. 159.

1. Einleitung.

Wenn wir sagen, es ist drei Uhr, vier Uhr, so heißt das, es sind seit Mittag, bzw. Mitternacht, drei, vier Stunden verflossen. Die von uns gebrauchten Stundenformeln drücken demnach den Zeitpunkt der abgelaufenen Stunde aus. Wie verhält es sich nun in dieser Hinsicht mit den Stundenangaben, die wir in der Literatur der alten Griechen und Römer finden? Wenn wir über die Kreuzigung Christi bei Markus (15, 25) erfahren: ἦν δὲ ὥρα τρίτη, καὶ ἐσταύρωσαν αὐτόν, fiel das genannte Ereignis auf drei Uhr oder in den Verlauf der dritten Stunde, von 2—3 Uhr, wie wir sagen würden? ‚Wenn ein eingeladener Gast zum Essen erscheinen sollte hora nona, war damit der Zeitpunkt gemeint, der mit Ablauf der neunten Stunde eintrat oder der Verlauf der neunten Stunde selbst?' Wenn Horaz infolge einer Bestellung (Sat. II,6, 34) sich bei dem Puteal auf dem Forum einfinden sollte ante secundam, war das vor zwei Uhr d. h. ehe die zweite Stunde verstrichen, oder vor der zweiten Stunde d. h. ehe die erste ganz abgelaufen war? Diese Frage, die sich in unzäligen Fällen wiederholt, und häufig, je nach dem sie in diesem oder jenem Sinne entschieden wird, eine Differenz einer ganzen Stunde für die Auffassung der einzelnen Stelle zur Folge hat, soll in den folgenden Blättern erörtert und wenn möglich zu einer endgültigen Entscheidung gebracht werden. Kurz gefaßt heißt sie: Sind die antiken Stundenangaben im Sinne eines Zeitraums oder im Sinne eines Zeitpunktes zu verstehen? Der Zeitpunkt könnte in abstracto ebensogut der Anfangs- als der Endpunkt der Stunde sein, der Verlauf unserer Untersuchung wird uns rechtfertigen, wenn wir nur den Zeitpunkt der abgelaufenen Stunde ins Auge fassen.

Wir müssen unsere Frage noch genauer stellen. Es giebt eine ansehnliche Zahl von Fällen, wo die Stundenformel durch ein hinzugefügtes Adjektivum oder Participium wie z. B. ὥρας ἕκτης ἀρχομένης, μέσης, πεπληρωμένης und dergleichen so deutlich auf einen Zeitraum hinweist, daß jeder Zweifel ausgeschlossen ist. Allein in der weitaus überwiegenden Anzal von Fällen enthält die Formel keinen derartigen Zusatz. Aber eben weil dem Sprechenden oder Schreibenden ein solcher Zusatz unnötig schien, setzen sie fast mit Notwendigkeit einen constanten Sprachgebrauch voraus, und diesen Sprachgebrauch zu finden, wird die Aufgabe der folgenden Kapitel sein. Zunächst scheint es passend, auch die seltenere Fassung der Stundenformeln durch einige Beispiele zu belegen. Sie ist sehr spärlich vertreten in der gewöhnlichen Literatur. So lesen wir in dem Briefwechsel des Kaisers Julian (ep. 13): Τρίτης ὥρας νυκτὸς ἀρχομένης οὐκ ἔχων τὸν ὑπογράφοντα διὰ τὸ πάντας ἀσχόλους εἶναι, μόλις ἴσχυσα πρός σε ταῦτα γράψαι —, bei Diodor (III, 48) von der tropischen Sonne bei den Äthiopen, daß sie erst vom Beginn der zweiten Stunde glühende Strahlen aussende: δευτέρας (ὥρας) ἀρχομένης ἀσπιδοειδῆ γίνεσθαι καὶ τὸ φῶς βάλλειν ἀπότομον καὶ πυρῶδες. Dagegen findet sich eine ganze Reihe derartiger Stellen bei Ptolemäus, wo er in seiner μεγάλῃ συντάξις astronomische Beobachtungen früherer Forscher anführt und bespricht, zum Beispiel Band I, nach der Ausgabe von Halma, S. 267, ἐλάβομεν δὴ πρώτην μὲν ἔκλειψιν τὴν ἐπὶ Δαρείου τοῦ πρώτου τετηρημένην ἐν Βαβυλῶνι τῷ πρώτῳ καὶ τριακοστῷ αὐτοῦ ἔτει, κατ' Αἰγυπτίους Τυβὶ γ' εἰς τὴν δ'

I. Einleitung. 3

ὥρας ἕκτης μέσης, wozu dann auf der nächstfolgenden Seite noch die Erläuterung kommt: ὁ γὰρ μέσος χρόνος ἐν Βαβυλῶνι γέγονε πρὸ ἡμιωρίου τοῦ μεσονυκτίου, ferner 279: Τούτων (nehmlich von den in Alexandria beobachteten Mondsfinsternissen) δὲ τὴν πρώτην φησὶ (Hipparch) γεγονέναι τῷ νδ' ἔτει τῆς δευτέρας κατὰ Κάλλιππον περιόδου, κατ' Αἰγυπτίους Μεσορὴ ιϛ' καθ' ἣν ἤρξατο μὲν ἐκλείπειν ἡ σελήνη πρὸ ἡμιωρίου τῆς ἀνατολῆς, ἔσχατον δὲ ἀνεπληρώθη τρίτης ὥρας μέσης, ὁ μέσος ἄρα χρόνος γέγονεν ὥρας μὲν δευτέρας ἀρχομένης, πρὸ ε' δὲ ὡρῶν καιρικῶν τοῦ μεσονυκτίου, πρὸ τοσούτων δὲ καὶ ἰσημερινῶν, ἐπειδήπερ ὁ ἥλιος περὶ τὰ τελευταῖα ἦν τῆς παρθένου, d. h. es war ganz nahe beim Aquinoctium, wo die ὧραι καιρικαὶ und ἰσημεριναὶ zusammenfallen. Der Anfang der Finsternis fiel auf 11½ Tags, die Mitte auf 1 Uhr Nachts, das Ende auf 2½ Nachts nach antiker Rechnung. Eine andere Beobachtung, die Hipparch in Rhodus anstellte, um die Entfernung zwischen Sonne und Mond zu bestimmen, wurde nach Ptolem. II. Band, S. 299 angestellt am 11. Pharmuthi, ὥρας β' ἀρχομένης. Dazu die Erklärung: Ἀλλ' ἐπειδὴ δευτέρας ὥρας ἀρχομένης γέγονεν ἡ τήρησις, πρὸ πέντε δὲ ὡρῶν ἔγγιστα καιρικῶν τῆς ἐν τῇ ια' μεσημβρίας etc. Seite 390: πάλιν δὴ τῷ λζ' ἔτει τῆς τρίτης κατὰ Κάλλιππον περιόδου, ὅ ἐστιν ζ' ἀπὸ Ναβονασσάρου, κατ' Αἰγυπτίους Τυβὶ β' εἰς τὴν γ', ὥρας ε' ἀρχομένης, ἐν Ῥόδῳ ἤρξατο ἐκλείπειν ἡ σελήνη, mit der Erklärung: ἐπεὶ οὖν πάλιν καὶ ἐνταῦθα ἡ μὲν ἀρχὴ τῆς ἐκλείψεως γέγονε πρὸ δύο ὡρῶν καιρικῶν τοῦ μεσονυκτίου. Die Bestimmung nach dem Ende der Stunde findet sich Seite 340: τῷ γὰρ πέμπτῳ ἔτει Ναβοπολασσάρου (= ρκζ' ἔτει ἀπὸ Ναβονασσάρου), κατ' Αἰγυπτίους Ἀθὺρ κζ' εἰς τὴν κη' ὥρας ια' ληγούσης, ἐν Βαβυλῶνι ἤρξατο ἡ σελήνη ἐκλείπειν ... mit der Erklärung: ἐπεὶ οὖν ἡ μὲν ἀρχὴ τῆς ἐκλείψεως γέγονε μετὰ ε' ὥρας τοῦ μεσονυκτίου, so dass also zwischen ὥρας ια' ληγούσης und ὥρας ιβ' ἀρχομένης kein Unterschied angenommen wäre. Beide zusammen liest man Seite 389: Τῷ τοίνυν ζ' ἔτει Φιλομήτορος (ροδ' ἀπὸ Ναβονασσάρου) κατ' Αἰγυπτίους Φαμενὼθ κζ' εἰς τὴν κη' ἀπὸ ὥρας η' ἀρχομένης ἕως ι' λη,γούσης ἐν Ἀλεξανδρείᾳ ἐξέλιπεν ἡ σελήνη; mit dem Zusatz: ἐπεὶ οὖν ὁ μέσος χρόνος γέγονε μετὰ β' S'' ὥρας καιρικὰς τοῦ μεσονυκτίου. Weitere Angaben dieser Art finden sich im zweiten Band: Seite 21 eine Beobachtung des Timocharis ὥρας γ' λη,γούσης = πρὸ γ' ὡρῶν τοῦ μεσονυκτίου καιρικῶν. Seite 22 eine Beobachtung des Agrippa ὥρας γ' ἀρχούσης = πρὸ δ' ὡρῶν καιρικῶν τοῦ μεσονυκτίου und S. 23 wieder eine Beobachtung des Timocharis ὥρας γ' ἀρχομένης = πρὸ δ' ὡρῶν καιρικῶν τοῦ μεσονυκτίου. Seite 26 eine Beobachtung eben desselben ὥρας ι' ἀρχούσης = μετὰ γ' ὥρας καιρικὰς τοῦ μεσονυκτίου. Seite 25 eine Beobachtung des Menelaos unter Trajan: ὥρας ι' πεπληρωμένης τὸν στάχυν τετηρῆσθαι ὑπὸ τῆς σελήνης ἠφανισμένον, μὴ ὁρᾶσθαι γάρ, ἀλλὰ ὥρας ια' λη,γούσης τεθεωρῆσθαι προηγούμενον τοῦ κέντρου τῆς σελήνης. Seite 27 wieder eine Beobachtung des Menelaos ὥρας ια' λη,γούσης = μετὰ ε' ὥρας καιρικὰς τοῦ μεσονυκτίου. Eine etwas abweichende Bestimmung ist Band II, Seite 24 zu finden, wo Timocharis eine Beobachtung macht, τῆς ι' ὥρας ὅσον ἡμιωρίου προελθόντος = μετὰ γ' S'' ὥρας καιρικὰς τοῦ μεσονυκτίου.

Man sieht also, daß diese Astronomen, um einen Zeitpunkt zu bezeichnen, die Stunde als Zeitraum zu Grunde legen und eine weitere Genauigkeit dadurch erzielen, daß sie zwischen Anfang, Mitte und Ende der laufenden Stunde unterscheiden. Man sieht aber zugleich, daß es eben nur die genannten Zusätze sind, die bei solchen Stundenformeln mit Notwendigkeit auf den Begriff des Zeitraums hinführen, es bleibt also umsomehr die Frage zu entscheiden übrig, wie die Stundenformeln aufzufassen sind, die eines derartigen Zusatzes entbehren. Das nächstfolgende Kapitel wird zunächst einmal an einer Reihe von Beispielen zeigen, daß dieselben in gewissen Fällen sicherlich den Zeitpunkt der abgelaufenen Stunde bedeuten, und dieses Ergebnis wird dann in den folgenden Abschnitten dahin erweitert werden, daß diese letztere Bedeutung die fast ausnahmslose Regel bildet und mithin in unseren Texten überall als selbstverständlich angenommen werden muß, wo nicht genügende Gründe vorliegen, an eine Ausnahme von dieser allgemeinen Regel zu denken.

II. Hora als Zeitpunkt.

In der großen Mehrzahl der Fälle, wo die antiken Texte derartige Stundenangaben enthalten, bietet der Zusammenhang keinerlei Anhaltspunkt zu einer Entscheidung nach der einen oder der andern Seite. Hie und da aber stößt man doch auf Stellen, in denen nur die Bedeutung eines Zeitpunktes zulässig ist. Am auffallendsten tritt das hervor, wo ein Ereignis eingetreten sein soll zwischen zwei unmittelbar aufeinanderfolgenden horae, z. B. inter horam tertiam et quartam. Offenbar kann das nicht heißen: zwischen den beiden Zeiträumen der dritten und vierten Tagesstunde. Genau genommen wäre dies barer Unsinn, und wenn man auch diese Ausdrucksweise ausnahmsweise hingehen lassen wollte, so wäre sie doch nur zu rechtfertigen bei Handlungen, die eben durch diese absonderliche Redeweise als blitzschnell vorübergehende bezeichnet werden sollten. Da dies aber in den von mir gefundenen Fällen keineswegs zutrifft, so bleibt nur die Auffassung: zwischen drei und vier Uhr, welche einen den Stellen entsprechenden Sinn und eine auch den modernen Sprachen geläufige Ausdrucksweise ergiebt. Der Leser möge selbst urteilen, wenn er die Beispiele dieses Sprachgebrauchs liest, die ich aus der griechischen und römischen Literatur gesammelt habe.

Livius XXXVIII, 36. berichtet aus dem Jahr 188 v. Chr.: supplicatio triduum pro collegio decemvirorum imperata fuit in omnibus compitis, quod luce **inter horam tertiam**

II. Hora als Zeitpunkt.

ferme et quartam tenebrae obortae fuerant. Plinius II. N. H, 70 aus dem Jahre 59 nach Ch.: Solis defectum Vipstano et Fonteio Coss, qui fuere ante paucos annos, factum pridie Cal. Maias Campania hora diei inter septimam et octavam sensit, Corbulo dux in Armenia inter horam diei decimam et undecimam prodidit visum, circuitu globi alia aliis detegente et occultante. Diese Stelle findet sich dann wörtlich wiederholt bei Beda Venerab. (II, 29; Basel 1563), während Martianus Capella VI. 594. sich die Änderung erlaubt: defectus solis fuit, qui in Campania diei septima visus in Armenia ejusdem diei undecima comprobatur. Er wollte offenbar den Zeitunterschied möglichst gross erscheinen lassen.

Bei Sueton wird über Nero (Cap. 8) berichtet: Septendecim natus annos, ut de Claudio palam factum est (nachdem man den einige Zeit verheimlichten Tod des Claudius veröffentlicht hatte), inter horam sextam septimamque processit ad excubitores, cum ob totius diei diritatem non aliud auspicandi tempus accommodatius videretur; proque palati gradibus imperator consalutatus lectica in castra et inde .. in curiam delatus est. Wenn die bisherigen Beispiele mit Notwendigkeit auf einen Zeitpunkt hinweisen und nur die Wahl lassen, ob wir an den Anfangs- oder Schlusspunkt der betreffenden Stunde denken wollen, so werden die folgenden auch darüber keinen Zweifel lassen, und zugleich einen Einblick gewähren in die Art und Weise, wie sich der eine Begriff von hora = Zeitpunkt aus dem andern = Zeitraum entwickelt hat.

Es handelt sich zunächst um eine mehrfach sich wiederholende Angabe, wornach der berühmte Mathematiker Tarutius Firmanus, der Freund Ciceros und Varros, aus den Schicksalen der Stadt Rom ihre Entstehungszeit nachträglich ausgerechnet haben soll. Diese Berechnung ergab nach Plutarch, (Romulus 12) das Resultat „κτισθῆναι τὴν Ῥώμην ὑπ' αὐτοῦ

(Romulus) τῇ ἐνάτῃ Φαρμουθὶ μηνὸς ἱσταμένου μεταξὺ δευτέρας ὥρας καὶ τρίτης." Dasselbe drückt Solinus (Polyhistor I S. 9. Mommsen) mit folgenden Worten aus: Ibi mansitavit Romulus qui auspicato murorum fundamenta jecit duodeviginti natus annos, XI Kal. Maias, hora post secundam ante tertiam plenam, sicut L. Tarruntius prodidit, mathematicus nobilissimus, Jove in piscibus, Saturno, Venere, Marte, Mercurio in scorpione, Sole in tauro, Luna in libra constitutis. Vergleicht man die Worte des Solinus mit denen des Plutarch, so kann kein Zweifel mehr darüber bestehen, einmal daß der antike Ausdruck formell ganz genau unserem modernen „zwischen 2 und 3 Uhr" entspricht, andererseits wird die Vermutung nahegelegt, daß der Ausdruck, den wir oben bei den Astronomen gefunden haben: ὥρα πεπληρωμένη, hora plena zum Ausgangspunkt für den gewöhnlichen Sprachgebrauch gedient hat. Nicht weniger deutlich ist folgender Passus aus dem Scherz Senekas auf den Tod des Claudius, wo auch die Klage über die damaligen Uhren unsere Aufmerksamkeit verdient. (c. II.) Mensis erat October, dies tertius idus octobris. horam non possum certam tibi dicere: facilius inter philosophos quam inter horologia convenit: tamen inter sextam et septimam erat. Dann läßt Seneka sich den Einwand machen: „Nimis rustice adquiescis. nunc omnes poëtae non contenti ortus et occasus describere, at etiam medium diem inquietent: tu sic transibis horam tam bonam?" und fährt dann in Versen fort:

    Jam medium curru Phoebus diviserat orbem
    Et propior nocti fessus quatiebat habenas
    Obliquo flexam deducens tramite lucem:

Claudius animam agere coepit nec invenire exitum poterat. Wenn nach der ausdrücklichen Erklärung Senekas die Sonne bei dem genannten Ereignis die Culmination hinter sich hatte, so fällt auch die an und für sich höchst unwahrscheinliche Annahme dahin, als ob der Schriftsteller mit dem Ausdruck inter horam sextam et septimam den ausdehnungslosen Zeitpunkt zwischen der 6. und 7. Tagesstunde d. h. den genauen Mittagspunkt hätte andeuten wollen und es bleibt als einzig mögliche Übersetzung, aus der zugleich hervorgeht, daß es sich um die Zeitpunkte der abgelaufenen Stunde handelt, die Übersetzung: zwischen 6 und 7 Uhr.

Wenn sich Stellen finden, nach denen irgend ein Zustand, oder eine Thätigkeit bis zu irgend einer hora, beispielsweise ad horam quartam dauert, und post horam quartam aufhört oder durch einen anderen Zustand, eine andere Thätigkeit abgelöst wird, so werden wir uns auch hier zu dem Schlusse berechtigt fühlen, daß nur ein Zeitpunkt gemeint sein kann, da nur ein ausdehnungsloser Zeitpunkt die Grenze zwischen zwei einander unmittelbar ablösenden Zuständen bilden kann. Man wird in vielen derartigen Fällen noch weiter schließen: post horam quartam setzt jedenfalls den Ablauf der vierten Tagesstunde voraus, so daß auch hier der gemeinte Zeitpunkt notwendig der Zeitpunkt der abgelaufenen Stunde sein muß. Unter die hier angegebenen Gesichtspunkte fällt eine nicht unerhebliche Anzahl von Stellen aus der antiken Literatur. Ich gebe sie, wie sie der Zufall darbietet aus griechischen und römischen Schriftstellern, die in der ganzen von uns behandelten Frage keinerlei Anlaß bieten, die beiden Sprachen auseinanderzuhalten. An einer bekannten Stelle, wo Horaz sein tägliches Leben beschreibt (Sat. I, 6, 122), sagt er, er bleibe bis zur vierten Tagesstunde liegen und gehe dann spazieren: ad quartam jaceo, post hanc vagor. Das post hanc setzt den Ablauf der vierten Stunde voraus, also muß das jacere, an das sich das vagari unmittelbar anschließt, bis zu dem genannten Zeitpunkt, also bis 4 Uhr gedauert haben. Denselben Schluß wird sich der Leser aus folgenden Beispielen ziehen, die eines weiteren Commentars nicht bedürftig zu sein scheinen.

II. Hora als Zeitpunkt.

Ein viel angeführtes Epigramm der Anthologia Palatina besagt, die ersten 6 Tagesstunden seien am besten geeignet zum Arbeiten, die nächstfolgenden, die 7. 8. 9. 10. rufen in griechischen Buchstaben ausgedrückt den Menschen das Mahnwort ζῆθι zu. Dazu sagt ein Scholiast: δεῖ μέχρι τῆς ἕκτης ὥρας τῆς ἡμέρας ἐργάζεσθαι, μετὰ δὲ ταύτην ἐπ᾽ ἄριστον ἔρχεσθαι (Anth. Pal. X, 43). In anderem Sinne spricht von 6 Uhr Artemidor, indem er in seinen Oneirocritica (III, 66) die Träume bespricht, die sich auf eine Uhr beziehen. Sie deuten alle auf Handlungen, Entschlüsse, Ortsveränderung hin, weil der Mensch bei allen derartigen Dingen von der Uhr abhängig ist. Schlimm ists, wenn man von einer herabfallenden oder zerbrechenden Uhr träumt. Wenn man im Traum die Stunden abzählt, so sind die Vormittagsstunden günstiger als die Nachmittagsstunden (weil jene den aufsteigenden Lebenslauf, diese den absteigenden symbolisieren): Ὡρολόγιον πράξεις καὶ ὁρμὰς καὶ κινήσεις καὶ ἐπιβολὰς τῶν χρειῶν σημαίνει. πάντα γὰρ πρὸς τὰς ὥρας ἀποβλέποντες οἱ ἄνθρωποι πράσσουσιν. ὅθεν συμπῖπτον ἢ κατασσούμενον πονηρὸν ἂν εἴη καὶ ὀλέθριον, μάλιστα δὲ τοῖς νοσοῦσιν. ἀεὶ δὲ ἄμεινον τὰς πρὸ τῆς ἕκτης ὥρας ἀριθμεῖν ἢ τὰς μετὰ τὴν ἕκτην.

Der junge Marc Aurel studiert von 9 Uhr Nachts bis 2 Uhr Tags. Von 2 bis 3 Uhr geht er dann vor seinem Schlafzimmer spazieren. So berichtet er an seinen Lehrer Fronto, indem er demselben seine Lebensweise während eines Sommeraufenthaltes schildert. (Fronto ep. IV, 5.) Ego hodie ab hora nona noctis in secundam diei studivi. a secunda in tertiam soleatus libentissime inambulavi ante cubiculum meum. Der Sprachgebrauch der silbernen Latinität, bei Zeitbestimmungen in = ad zu verwenden, ist bekannt und wird weiter unten an den schlagendsten Beispielen nachgewiesen werden. Der Bischof Epiphanius von Cypern beauftragt seinen Diakonen Sabinus mit der Rechtsprechung, da dieser aber einmal aus Mitleid einem Armen einem Reichen

II. Hora als Zeitpunkt.

gegenüber Recht giebt, sieht sich der Bischof veranlaßt, die Sache selbst wieder zu übernehmen: ἀπὸ τότε οὖν Ἐπιφάνιος πᾶσι τοῖς προσερχομένοις ἐδίκαζεν. ἀπὸ γὰρ πρωΐας ἕως ὥρας ἐνάτης ἐπήκουεν τῶν κρινομένων, καὶ ἀπὸ ἐνάτης ἕως πρωῒ οὐκ ἐθεωρεῖτο τινὶ τῶν ἀνθρώπων (vita Epiph. c. 55, den Werken des Bischofs vorgedruckt. ed. G. Dindorf S. 61).

In der Schrift des Arztes Celsus, de medicina II, 4 heißt es von den Anzeichen eines drohenden letalen Ausganges: contra gravis morbi periculum est, ubi supinus aeger jacet porrectis manibus et cruribus, ubi residere vult in ipso acuti morbi impetu, praecipueque pulmonibus laborantibus: ubi nocturna vigilia premitur, etiamsi interdiu somnus accedit; ex quo tamen pejor est, qui inter quartam horam et noctem, quam qui a matutino tempore ad quartam. Pessimum tamen est, si somnus neque noctu neque interdiu accedit.

Cyrill (Katcches. 13, 24. Ausgabe von Paris 1720 S. 195) sagt in Bezug auf die Finsterniss während der Kreuzigung Christi kurz hintereinander zuerst: „ἀπὸ δὲ ἕκτης ὥρας σκότος ἐγένετο ἕως ἐνάτης" und dann „ἀλλὰ μετὰ τὴν ἐνάτην ἔλαμψεν ὁ ἥλιος."

In der Briefsammlung des Kaisers Julian (Ep. 77 Hertlein) findet sich eine Art Edikt, worin sich der für die Reformation des Heidentums und seiner religiösen Formen begeisterte Kaiser mit Mißfallen über die Unsitte äußert, die Bestattungen am hellen Tage vorzunehmen und dann mit den Worten schließt: ἐγὼ δὲ οἶδα καὶ τοὺς περιττοὺς καὶ ἀκριβεῖς τὰ θεῖα θεοῖς τοῖς κάτω νύκτωρ ἢ πάντως μετὰ δεκάτην ἡμέρας ὥραν ἱερὰ δρᾶν ἀξιοῦντας. εἰ δὲ τῆς ἐκείνων θεραπείας οὗτος ἀμείνων ὁ καιρός, οὐδὲ τῇ θεραπείᾳ πάντως τῶν τεθνεώτων ἕτερον ἀποδώσομεν. Τοῖς μὲν οὖν ἑκοῦσι πειθομένοις ἐξαρκεῖ ταῦτα. ἃ γὰρ ἡμάρτανον μαθόντες μετατιθέσθων πρὸς τὸ βέλτιον. εἰ δέ τις τοιοῦτός ἐστιν οἷος ἀπειλῆς καὶ ζημίας δεῖσθαι, ἴστω τὴν μεγίστην ὑφέξων δίκην, εἰ πρὸ δεκάτης ἡμερινῆς ὥρας τολμήσει τε τῶν ἀπογινομένων τινὸς κηδεῦσαι σῶμα καὶ διὰ τῆς πόλεως ἐνεγκεῖν. ἀλλὰ δύντος ἡλίου καὶ αὖ πρὶν ἀνίσχειν ταῦτα γενέσθω, ἡ δὲ ἡμέρα καθαρὰ καθαροῖς τοῖς τε ἔργοις καὶ τοῖς Ὀλυμπίοις ἀνακείσθω θεοῖς. Wenn Anfang und Ende hier stimmen sollen, der Anfang, wornach die Bestattungen nach der δεκάτη ὥρα am Platze sind, das Ende, wornach sie vor der ὥρα δεκάτη verboten werden, so kann dieser Termin nur als ein Zeitpunkt aufgefaßt werden.

In anderen Fällen wird die Stundenformel durch eine gelegentlich hinzugefügte Berechnung erläutert. Seneka (de tranq. animi 17.) bezeichnet die zehnte Tagesstunde als die Zeit, mit der das ernsthafte Geschäft in Rom sein Ende findet . . . qualem Pollionem Asinium meminimus, quem nulla res ultra decumam retinuit, ne epistulas quidem post eam horam legebat, ne quid novae curae nasceretur, sed totius diei lassitudinem duabus illis horis ponebat. Majores quoque nostri novam relationem post horam decimam in senatu fieri vetabant. Die Berechnung zeigt, daß es von dem angedeuteten Zeitpunkt bis zum Tagesschluß noch zwei Stunden sind. Also decima hora = 10 Uhr. Man kann freilich bei derartigen Stellen mit Grund einwenden, daß die gebrauchten Präpositionen post und ultra den Ablauf der Stunde selbst dann voraussetzen, wenn unter decima hora an und für sich der Zeitraum des 10. Tagzwölftels zu verstehen wäre, daß also derartige Beispiele für Stundenformeln, wie decimâ horâ, ante, ad decimam horam nicht beweisend sind. Ebenso wird die scheinbare Unbestimmtheit des Begriffes mane und πρωί der Beweiskraft folgender Stellen einen kleinen Eintrag thun.

Eine alte Klosterregel, die regula Caesarii ad virgines (Lucas Holstenius, Codex regularum I, 356) bestimmt im 17. Kapitel für die weiblichen Klosterinsassen, denen sie gewidmet ist: Omni tempore duabus horis, hoc est a mane usque ad horam secundam lectioni vacent. Die Beweiskraft der Stelle wächst, wenn ich sie mit der entsprechenden Bestimmung aus der Regel des h. Benedikt zusammennehme, die c. 48 über die tägliche Beschäftigung der Mönche vorschreibt: A Calendis autem Octobris usque ad caput Quadragesimae, usque ad horam secundam plenam lectioni vacent. Wenn man also die hora secunda des Caesarius durch die secunda plena des Benediktus interpretieren darf, so ist damit nicht nur die erstere im Sinn von 2 Uhr erwiesen, sondern auch mane = hora 0 diei oder gleich Sonnenaufgang.

Dieselbe Bedeutung von πρωΐ finden wir in einer Bemerkung des Ptolemäus, wo er (Almagest ed. Halma I S. 154) über verschiedene Versuche berichtet, die Hipparch mit der Armillarsphäre anstellte, um die genaue Zeit des Eintritts der Tag- und Nachtgleiche zu ermitteln. Bei einer dieser Beobachtungen zeigte sich nun die merkwürdige (durch die Lichtbrechung auf sehr natürliche Weise zu erklärende) Thatsache, daß das Instrument die Tag- und Nachtgleiche zweimal anzeigte 1) πρωΐας und 2) περὶ πέμπτην ὥραν, ὥστε ἤδη τὴν αὐτὴν ἰσημερίαν διαφόρως τετηρημένην πέντε ὥραις ἔγγιστα διενεγκεῖν. Wir hätten also hier πρωΐ = hora 0, und περὶ πέμπτην = 5 Uhr.

Schlagender als die letzten zwei Beispiele, die zwei Unbekannte zugleich enthalten, wird man folgende Stelle finden, die um so größere Beweiskraft hat, als sie inschriftlich erhalten worden ist, also den Verderbnissen durch die Hände der Abschreiber weniger ausgesetzt war, und weil sie zweitens einem Gesetz entnommen ist, bei welchem wir auch an eine Nachläßigkeit in der Fassung weniger denken dürfen. Sie ist aus der sogenannten lex Julia municipalis oder tabula Heracleensis, welche im Jahr 709 a. u. abgefaßt, im 3. Capitel eine Verordnung in Bezug auf den Wagenverkehr in Rom enthält, mit der bekannten Bestimmung, daß derselbe für die eigentliche Tageszeit gänzlich verboten und nur für den Abend und die Nacht erlaubt wurde. Ausgenommen werden 1) Fahrten behufs öffentlicher Bauten, Tempelbauten und Demolierungen. 2) Fahrten gewisser Personen (Vestalen, rex sacrorum, flamines bei öffentlichen Opfern, triumphierende Feldherren); 3) Fahrten bei öffentlichen Spielen, namentlich der Cirkusprocession. 4) Fahrten von Wagen, die bei Nacht in die Stadt gekommen waren, aber nur, wenn sie leer waren, oder Mist ausführten, also Markt- Bauer- oder Düngerwagen[1]. Die Stelle, die ich aus Zell, Epigraphik II, 268 ff. entlehne, lautet folgendermaßen:

Quae viae in urbe Roma sunt, erunt, intra ea loca, ubi continenti habetabetur, nequis in ieis vicis post K. Januarias primas, plostrum interdiu post solem ortum, neve ante horam X diei, ducito agito, nisi quod aedium sacrarum deorum immortalium causa aedificandarum operisve publice faciundei causa advehi portari oportebit aut quod ex urbe exve ieis loceis, earum rerum, quae publice demolienda loca erunt, publice exportarei oportebit et quarum rerum causa plostra hac lege certeis hominibus, certeis de causeis accere ducere licebit; quibus diebus virgines Vestales, rex sacrorum, flamines plostreis in urbe sacrorum publicorum populi Romani caussa, vehi oportebit; quaeque plostra triumphi caussa, quo die quisque triumphabit, ducei oportebit, quaeque plostra ludorum, quei Romae aut urbei Romae publice feient, inve pompam ludeis circiensibus, ducei agei opus erit: quove minus earum rerum causa, eisque diebus plostra interdiu in urbe ducantur agantur, eorum hac lege nihil rogatur.

Quae plostra noctu in urbem inducta erunt, quominus ea plostra inania, aut stercoris exportandei caussa, post solem ortum h. X diei (= horis decem diei) bubus jumenteisve juncta in urbe Roma et ab urbe Roma passus mille esse liceat, eorum hac lege nihil rogatur.

---

[1] Vgl. Friedländer, Sittengeschichte Roms I 64. Marquardt, Röm. Privatalterthümer II 319.

Das heißt also mit Weglassung der hier unwesentlichen Bestimmungen, die schon vorhin wenigstens angedeutet worden sind: „Es dürfen in Rom vor der hora decima keine Wagen fahren", und im letzten Abschnitt wird dann die Ausnahme nachgetragen: „Auf die Wagen, die Nachts in die Stadt hereingekommen sind und nun in den ersten 10 Tagesstunden des folgenden Tages leer oder mit Mist beladen wieder hinausfahren, soll das Gesetz keine Anwendung finden". Wenn also wie doch nicht anders angenommen werden kann, die in beiden Bestimmungen genannte Zeit dieselbe sein soll, so muß der mit „neve ante horam decimam dici" bestimmte Zeitraum sich bis zum Ende der 10. Tagesstunde erstrecken, und übersetzt werden, „nicht vor 10 Uhr."

Eine ähnliche Berechnung hat der Scholiast zu Aratus 582, indem er nach einer Zeit, die mit περὶ ἕκτην ὥραν bezeichnet ist, noch 6 Tagstunden übrig sein läßt. Es handelt sich um das Sternbild Bootes, das 18 Stunden über dem Horizont sein soll: Διὸ χαριέντως εἶπεν „ἐπὴν κορέσηται", ὅτι τοσοῦτον χρόνον ἀναλίσκει φαινόμενος. ἀνατέλλει γὰρ τῇ Παρθένῳ περὶ ἕκτην ὥραν ἡμερινήν, ἢν καθ' ὑπόθεσιν ἐν Καρκίνῳ λάβωμεν τὸν ἥλιον· β' γὰρ ὥραι Καρκίνου, Λέοντος β', Παρθένου β', ὥστε περὶ ἕκτην ὥραν ἀνατέλλει. ἐπεὶ τοίνυν τάς τε τῆς ἡμέρας λοιπὰς ς' ὥρας ἐν τῷ ὑπεργείῳ ἐστὶ καὶ τὰς τῆς νυκτὸς ιβ', ἕως ἂν εἰς τελείαν δύσιν ἔλθῃ, ἐπεὶ οὖν ὅλας ιη' ὥρας μένει φαινόμενος καὶ ὑπέργειός ἐστι, διὰ τοῦτο εἶπεν „ἐπειδὰν τοῦ φωτὸς κορεσθῇ."

In diesen Zusammenhang gehören schließlich noch die verhältnismäßig seltenen Fälle, wo zur Angabe einer Tagesstunde statt der Ordinalzahl die Cardinalzahl gebraucht erscheint: der Redner Titius, ein Zeitgenosse des Lucilius, sagt in einer Rede zur Empfehlung der lex Fannia (bei Macrobius, Saturn. III, 16, 15): ubi horae decem sunt, jubent puerum vocari ut comitium eat percontatum, quid in foro gestum sit —. Der Kaiser Julian schreibt an seinen Freund und Lehrer

Libanius über Reiseerlebnisse (ep. 27): ἐπεὶ δὲ διαβὰς μόλις ἦλθον εἰς τὸν πρῶτον σταθμόν, ἐννέα που σχεδὸν ἦσαν ὧραι καὶ ἐδεξάμην εἴσω τῆς αὐλῆς τὸ πλεῖστον τῆς παρ' ὑμῖν βουλῆς —. Ein Epigramm des Martialis (VIII, 67) beginnt mit dem Vorwurf an einen vorzeitig erscheinenden Tischgenossen:

> Horas quinque puer nondum tibi nuntiat, et tu
> Jam conviva mihi, Caeciliane, venis.

Es ist klar, daß diese Formeln mit der Cardinalzahl nur die Summe der abgelaufenen Stunden bedeuten können, andrerseits wird man sich schwer entschließen können, den Formeln mit der Ordinalzahl eine ganz andere Bedeutung zuzuschreiben als denjenigen mit der Cardinalzahl. Wird ja doch auch die Frage nach der Tageszeit im Lateinischen gleich gut mit dieser wie mit jener Art von Zahlen ausgedrückt. Hora quota est? — heißt es in einer bekannten Stelle des Horaz (Sat. II, 6, 44). Dagegen sagt Juvenal (10, 215 f.) von einem Schwerhörigen:

> Clamore opus est, ut sentiat auris
> Quem dicat venisse puer, quot nuntiet horas.

Ebenso sagt Varro (de re rust. III, 5. ed. Bip. 217) bei der Beschreibung einer künstlichen Uhr: stella lucifer interdiu, noctu hesperus ita circumeunt ac moventur, ut indicent, quot sint horae; und dem entsprechen die Ausdrücke „nach der Tageszeit fragen": horas quaerere (Plinius h. n. VII, 53), horas requirere (Sueton, Domitian c. 16).

Auch der letzte Zweifel muß schwinden, wenn man eine Stelle findet, in der beide Formeln nebeneinander stehen, um ein und dieselbe Tageszeit zu bezeichnen. Eine solche bietet Cicero in seiner Rede für Quinctius, der mit seinem früheren Geschäfts-Teilhaber Naevius in einen widerwärtigen Prozeß verwickelt ist. Eine wesentliche Rolle bei dem ganzen Handel spielt ein gerichtlicher Termin. Quinctius hatte eine Reise angetreten sei es notgedrungen oder weil ihm der Termin aus dem Gedächtnis entfallen war. Naevius erfährt durch einen Verwandten, der dem Quinctius unterwegs begegnet war, von diesem Umstand und benutzt nun nach der Darstellung Ciceros diese Sachlage in der boshaftesten Weise. Schnell bestellt er alle seine Freunde auf den betreffenden Tag „ut ad tabulam Sextiam sibi adsint hora secunda postridie" (§ 25). Veniunt frequentes; testificatur iste (Naevius), P. Quinctium non stitisse et se stitisse und erwirkt auf diese Weise vom Prätor Burrianus, ut ex edicto bona possidere liceat. Da meint nun Cicero, auch wenn dieses Verfahren streng gesetzlich gewesen wäre, hätte dennoch Naevius gegen einen Verwandten und Geschäftsfreund nicht mit dieser ungerechtfertigten Hast vorgehen dürfen. Ne hoc quidem — redet er (§ 53) den Naevius an — tecum locutus es: „horae duae fuerunt: Quinctius ad vadimonium non venit; quid ago?" si mehercule haec tecum duo verba fecisses „quid ago", respirasset cupiditas atque avaritia paulum; aliquid loci rationi et consilio dedisses, tu te collegisses, non in eam turpitudinem venisses, ut hoc tibi esset apud talis viros confitendum, qua tibi vadimonium non sit obitum, eadem te hora consilium cepisse, hominis propinqui fortunas funditus evertere. Wenn hier derselbe Zeitpunkt zuerst mit secunda hora bezeichnet ist und weiterhin mit duae horae fuerunt, so muß die erstere Formel notwendig den Zeitpunkt der abgelaufenen zweiten Tagesstunde bedeuten.

Überblicken wir das bisher gewonnene Resultat, so hat sich herausgestellt, daß in vielen Fällen der Zusammenhang notwendig gebietet, die Stundenangaben im Sinne eines Zeitpunktes aufzufassen und zwar als den Zeitpunkt der abgelaufenen Stunde, entsprechend unseren modernen Ausdrücken drei, vier Uhr u. s. w. Es ist also damit die Möglichkeit dieser Auffassung konstatiert. Die weitere Untersuchung soll durch eine möglichst umfassende Verarbeitung des statistischen Materials zeigen, daß diese Auffassung sich als die einzig mögliche erweist so ziemlich in allen Fällen, die überhaupt durch ihren Zusammenhang eine Kontrole gestatten. Sie wird uns also zu dem Schlusse führen, daß wir diese Auffassung überhaupt als die selbstverständliche festhalten müssen überall, wo wir nicht durch zwingende Umstände auf die entgegengesetzte Deutung geführt werden.

III. Hora sexta.

Aus der Masse der einzelnen Momente innerhalb des Lichttags heben sich zunächst drei Augenblicke heraus, deren Stellung innerhalb des zwölfstündigen Raums sich mit besonderer Leichtigkeit fixieren läßt, der Moment, wo die Sonne sich über den Horizont erhebt, wo sie kulminiert, und wo sie sich wieder unter den Horizont hinabsenkt. Wenn nach unserer Voraussetzung die Stundenformeln die abgelaufene Stunde bezeichnen, so muß der erstgenannte Moment mit hora 0 diei oder hora duodecima noctis zusammenfallen, Sonnenuntergang mit hora duodecima diei und die Kulmination müßte der hora sexta entsprechen. Wir werden uns zunächst mit der letztgenannten Gleichung beschäftigen und den Nachweis führen, daß durch das ganze Gebiet des Altertums und Mittelalters hindurch, d. h. zu allen Zeiten, in denen die antike Stundenrechnung üblich war, hora sexta und der genaue Mittagspunkt, die ἀκριβὴς μεσημβρία, als identische Begriffe gegolten haben. Allem Anschein nach hat man gerade dann, wo es sich um diesen genauen Mittagspunkt handelte, den Ausdruck hora sexta mit Vorliebe gewählt statt der sonst zu Gebote stehenden meridies und μεσημβρία, weil diese letzteren auch die allgemeinere Bedeutung = Mittagszeit in weiterem Sinne zuließen. Aus demselben Grunde dürfen wir den ersteren als den genaueren, schärferen Ausdruck namentlich in Werken von wissenschaftlicher Richtung zu finden erwarten, vorzugsweise in dem Kreis geographischer, astronomischer, auch juristischer Untersuchungen.

In den Kreis der wissenschaftlichen Geographie führen uns die ersten Stellen. So sagt der ältere Plinius II. N. VI, 29 (34) von der Stadt Ptolemais am arabischen Meerbusen: Haec est regio secundo volumine (II 73) a nobis significata, in qua XLV diebus ante solstitium totidemque postea h o r a s e x t a consumuntur umbrae, et in meridiem reliquis horis cadunt, ceteris diebus in septentrionem, cum in Berenice quam primam posuimus ipso die solstitii s e x t a h o r a umbrae in totum absumantur, nihilque adnotetur novi. Es ist nun klar, daß der Schatten nicht in der sechsten Stunde, sondern um 6 Uhr d. h. in dem Augenblick des genauen Mittags verschwindet, man müßte denn geneigt sein, in das consumi zugleich den vorhergehenden Prozeß des immer kleiner werdens mit einzubefassen, allein letzterer würde dann wiederum nicht in die sechste Stunde allein fallen, sondern schon mit Sonnenaufgang beginnen. Jedenfalls ist jede Zweideutigkeit ausgeschlossen in einer entsprechenden Stelle des Macrobius, der im somn. Scipionis II, 7, 15 dieselbe Erscheinung bespricht: civitas autem Syene . . sub ipso aestivo tropico constituta est et eo die quo sol certam partem ingreditur Cancri h o r a d i c i s e x t a, quoniam sol tunc super ipsum invenitur verticem civitatis, nulla illic potest in terram de quolibet corpore umbra jactari sed nec stilus hemisphaerii monstrantis horas, quem γνώμονα vocant, tunc de se potest umbram creare — und in einer Stelle des Achilles Tatius (bei Petavius Doct. temp. III, S. 90): οἱ μέν εἰσιν ἄσκιοι, οἱ δὲ βραχύσκιοι, οἱ δὲ ἑτερόσκιοι, οἱ δὲ ἀντίσκιοι, οἱ δὲ ἀμφίσκιοι. ἄσκιοι μὲν οἱ κατὰ κορυφὴν ὥρα ἕκτῃ τὸν ἥλιον ἔχοντες und gleich darauf: φασὶ δὲ ἐν Συήνῃ καὶ Ἐλεφαντίνῃ ἀσκίους γίνεσθαι, ὅτε ὁ ἥλιος γίνεται ἐν καρκίνῳ περὶ ὥραν ἕκτην.

Ins Gebiet der Gnomonik gehört auch eine weitere

Stelle, wo Plinius von dem Obelisken spricht, den Augustus auf dem Campus Martius hatte aufstellen lassen. Er diente nach der Einrichtung, die der Kaiser ihm geben ließ, zur Beobachtung der wechselnden Taglänge, indem in der Richtung der Nordsüdlinie eine horizontal gelegte Steinfliese die Länge der verschiedenen Mittagschatten zu messen gestattete. Die letzte Marke, die am äußersten Ende der Steinfliese angebracht war, diente zur Bemessung des kürzesten Tags, wo die Sonne am niedersten stand und die Schattenlänge am größten war. Ei, qui est in campo — heißt es h. n. XXXVI, 10 — divus Augustus addidit mirabilem usum ad deprehendendas solis umbras dierumque ac noctium ita magnitudines, strato lapide ad longitudinem obelisci (im Verhältnis zur Länge des Obelisken), cui — nemlich lapidi — par fieret umbra brumae confectae die, **sexta hora**, paulatimque per regulas, quae sunt ex aere inclusae, singulis diebus decresceret ac rursus augesceret". Es liegt auf der Hand, daß es sich nur um den genauen Mittagsschatten, nicht um den zwischen 11 und 12 Uhr nach unserer Rechnung handeln kann. Dieser Schatten, der zur eigentlichen Mittagszeit von einem senkrechten Gegenstand geworfen wird, gibt aber nicht nur durch seine Länge wichtige Aufschlüsse über Jahreszeit, Polhöhe des Beobachtungsortes und andere Fragen aus der mathematischen Geographie, er bezeichnet auch durch seine Richtung die Nord-Südlinie, und wird daher auch in dieser Beziehung häufig besprochen. So gibt der Gromatiker Hyginus (Lachmann-Rudorf S. 188) ein übrigens auch sonst (Vitruvius I, 6. Proclus, Hypotyp. ed. Halma S. 62 u. a.) beschriebenes Verfahren an, um die Mittagslinie zu bestimmen: optimum est ergo umbram hora sexta (al.: horae sextae) deprehendere et ab ea limites incoare, ut sint semper meridiano ordinati: sequitur deinde ut et orientis occidentisque linea huic normaliter (im rechten Winkel) conveniat. Pri-

mum scribemus circulum in loco plano in terra, et in
puncto ejus sciotherum ponemus, cujus umbra et intra circulum aliquando intret .... Deinde cum ad circuli lineam
pervenerit, notabimus eum circumferentiae locum u. s. w.
d. h. man fixiert einen Vormittagsschatten und einen ganz
gleich langen Nachmittagsschatten, so wird in der Mitte
zwischen beiden der Mittagsschatten d. h. umbra horae sextae
sein; daß aber mit dieser hora sexta der eigentliche Mittagspunkt gemeint ist, bedarf nach der Construktion keines
weitern Beweises. Ein etwas rohes Verfahren, zu demselben
Ziel zu gelangen, findet sich angegeben bei Plinius, h. n.
XVIII, 33 (76): Observato solis ortu quocunque die libeat,
stantibus hora dici sexta sic, ut ortum eum a sinistro umero
habeant, contra mediam faciem meridies et a vertice sep-
tentrio erit: qui ita limes per agrum currit cardo appella-
bitur. Circumagi deinde melius est, ut umbram suam quisque cernat, alioquin post hominem erit. ergo permutatis
lateribus, ut ortus illius diei ab dextro umero fiat, occasus
a sinistro, tunc erit hora sexta, cum minima umbra
contra medium fiet hominem. Per hujus mediam longitudinem duci sarculo sulcum vel cinere lineam . . conveniet
u. s. w. Die Bestimmung „observato solis ortu quocunque
die libeat" ist bedenklich. Denn wenn der Ostpunkt nicht
richtig getroffen ist, so kann bei einer Wendung des
menschlichen Körpers um 90 Grad auch der Mittagspunkt
nicht genau gefunden werden. Auch ist der Gedankenfort-
schritt in der Stelle nicht eben klar. In der ersten Hälfte
soll der cardo gefunden werden, indem die hora sexta als
bekannt voraus gesetzt ist. In der zweiten Hälfte soll die
letztere erst an der Länge des Schattens gefunden werden,
„wenn der Schatten am kürzesten ist und gerade gegen
die Mitte des Leibes gerichtet ist". Der Verfasser will
ohne Zweifel sagen: Wo unter den angegebenen Be-
dingungen dein Gesicht um 6 Uhr Mittags hinsieht, da ist

Süden. Die Linie von Süden nach Norden heißt cardo. Um diese aber in Praxi zu finden, muß der Landmann, der natürlich über einen genauen Zeitmesser nicht verfügt, schon geraume Zeit vorher seinen Standpunkt nehmen, sich mit dem Gesicht gegen den approximativ bestimmten Nordpunkt wenden und seinen Schatten beobachten. In dem Augenblick, wo der Schatten seine geringste Ausdehnung erreicht hat, hat der Landmann zugleich den Zeitpunkt 6 Uhr und zugleich in der Richtung seines Schattens den cardo gefunden. Daß es freilich sehr schwer sei, durch eine einzige Beobachtung um Mittag den kürzesten Schatten zu bestimmen, das wußten die Alten wohl. Plinius will aber bloß dem Landmann eine praktische Regel geben, um die Winde zu finden, wo es auf Genauigkeit nicht eben ankommen mochte. Es ist nach dem bisherigen leicht erklärlich, wie der Begriff hora sexta geradezu eine räumliche Bedeutung annehmen und diejenige Richtung bezeichnen kann, welche die Sonne um 6 Uhr d. h. zur Zeit ihrer Culmination einnimmt. So klagt Hyginus, der vorhin erwähnte Gromatiker, über die Ungeschicklichkeit der Feldmesser, die statt in der richtigen Weise den Mittagspunkt zu bestimmen, von dem empirischen Auf- und Untergangspunkt der Sonne ausgehen, der doch je nach Zeit und Beschaffenheit des Horizonts sehr wesentlich vom Ost- und Westpunkt abweichen könne (eine Nachläßigkeit, deren sich übrigens auch Plinius in der vorhin erwähnten Stelle schuldig macht) mit folgenden Worten a. a. O. 170: Multi ignorantes mundi rationem solem sunt secuti, hoc est ortum et occasum, quod is semel ferramento comprehendi non potest. Quid ergo? posita auspicaliter groma, ipso forte conditore praesente proximum vero ortum comprehenderunt et in utramque partem limites emiserunt, quibus cardo in horam sextam non convenerit. Das heißt: wenn man die Ostwestlinie nach dem empirischen Sonnenaufgang nur annähernd (proximum vero) bestimmt hat, so kann auch der cardo nicht genau dem Meridian entsprechen. Der Meridian heißt also hier geradezu hora sexta, an anderen Stellen limes sextaneus (vgl. die römischen Feldmesser von Lachmann-Rudorf II S. 344) und so konstatieren wir, daß der erstere Ausdruck nicht bloß die Bedeutung eines Zeitpunktes, sondern in weiterer Folge auch die eines örtlichen Punktes am Horizont, den des genauen Südpunktes entwickelt hat. Ich lasse dahingestellt, ob nach der Vermutung des Salmasius (exercit. Plin. S. 475) der Decumanus, die Ostwestlinie, seinen Namen von der hora duodecima hatte und ursprünglich duodecimanus ließ. Soviel ist sicher, daß nicht nur die hora sexta verwendet wurde, um einen Punkt des Horizontes zu bezeichnen. Bei den römischen Agrimensoren findet man außer der hora sexta verschiedenemal auch die Bestimmung a duodecima parte (Gromat. vet. ed. Lachmann S. 352. 318), ex hora tertia, contra horam tertiam (ebenda 365). Einen ausgedehnten Gebrauch macht der ältere Plinius von dieser Art die Himmelsrichtungen zu bestimmen, er spricht nicht nur im allgemeinen davon, daß Garten-, Weinberganlagen, junge Bäume nach geeigneten horae zu richten seien (XVII, 2. 11.), sondern er bedient sich dabei auch bestimmter Zahlen. Beim Versetzen junger Bäume sollen die wunden Stellen nicht meridiem spectare, sondern in horam diei quintam vel octavam (XVII, 11); die insulae fortunatae liegen contra laevam Mauretaniae in octavam horam solis (VI, 32); Italien erstreckt sich ad meridiem quidem, sed si quis id diligenti subtilitate exigat, inter sextam horam primamque brumalem (III, 5). Es ist leicht begreiflich, daß im Altertum, wo die Gnomonik eine so große Rolle spielte, auch der Schattenrichtung eine viel intensivere Aufmerksamkeit gewidmet wurde, als in jetziger Zeit: man würde sogar bei den Bestimmungen der Agrimensoren,

III. Hora sexta.

die von einer hora ausgehen, gerne an eine entsprechende Einteilung der antiken Visirinstrumente denken — ist ja doch auch der bergmännische Kompaß der neueren Zeit nach horae eingeteilt — allein es ist nicht einzusehen, wie der Stand der Sonne zu einer bestimmten hora eine bestimmte Himmelsrichtung dauernd ergeben konnte, da im Lauf der Jahreszeiten das Azimut der Sonne, welches der hora 1. 2. 3 u. s. w. entsprach, stetig wechselte und nur das Azimut der hora sexta immer dasselbe blieb.

Wir kehren nach dieser Abschweifung zu unserem eigentlichen Gegenstand zurück, um die Identität der hora sexta mit dem genauen Mittagspunkt weiter zu verfolgen. Wir treffen dabei auf eine Stelle aus dem astronomischen Lehrgedicht des Manilius, in welchem die hora sexta geradezu zur Umschreibung des Meridiankreises verwendet wird. Der Dichter hat vorher von den am Himmel als feststehend zu denkenden Kreisen gesprochen und geht dann auf die Beschreibung des Meridians, später des Horizontes mit folgenden Worten über (I, 631 ff.):

> Atque haec aeternam fixerunt tempora sedem
> Immotis per signa modis statione perenni.
> Hos volucres fecere duos: namque alter ab ipsa
> Consurgens Helice medium praecidit Olympum
> Discernitque diem, sextamque examinat horam,
> Et paribus spatiis occasus cernit et ortus,
> Hinc mutans per signa vices. Nam si quis coos,
> Seu petit hesperios, supra se circinat orbem
> Verticibus super astantem, mediumque secantem
> Coelum et diviso signantem culmine mundum; —
> Quando aliis aliud medium est; volat hora per orbem; —
> Cumque loco terrae coelumque et tempora mutat.
> Atque ubi se primis extollit Phoebus ab undis,
> Illis sexta manet, quos tum premit aureus orbis.
> Rursus ad Hesperios sexta est, ubi cedit in umbras.

Das heißt: der Meridian, der durch den Nordpol gehend, das Himmelsgewölbe in zwei gleiche Hälften teilt und zugleich den Tag, indem er der hora sexta gleich weit vom ortus wie vom occasus ihre genaue Stelle anweist, ist für jeden Standpunkt wieder ein anderer. Die hora sexta volat per orbem d. h. die Sonne culminirt immer, aber immer wieder an einem andern Orte, und wenn sie für unseren Horizont aufgeht, so culminirt sie bei denjenigen, die von unserem Standpunkte aus Eoi sind, wie sie andererseits bei ihrem Untergang den Hesperii Mittag bringt. Die Stelle hat einem größeren Dichter zum Vorbild gedient, einem Dichter, der unmittelbar vor der Beseitigung der antiken Stundenrechnung, und Einführung der modernen lebte und schrieb. Ich meine Dante, welcher den Gedanken des Manilius in ganz ähnlichen Ausdrücken wiederholt, Paradiso, XXX am Anfang.

> Forse semila miglia di lontano
> ci ferve l'ora sesta, e questo mondo
> china giù l'ombra.

„Vielleicht 6000 Meilen weit (im Osten) glüht die hora sexta, während unser Italien die Schatten der Nacht wie einen Schleier von sich legt." Zum näheren Verständnis dieser Stelle muß man wissen, daß Dante den Umfang der Erde zu 24000 Meilen rechnet, so daß also die oben genannten 6000 gerade den 4. Teil, einen Quadranten ausmachen. Wir haben also nichts als eine Umschreibung der Manilischen Verse: Atque ubi se primis extollit Phoebus ab undis, illis sexta manet, quos tum premit aureus orbis.

Ich verlasse mit dieser Stelle des italienischen Dichters das Gebiet der mathematischen Geographie und wende mich einer Gruppe von Beispielen zu, die eher unter den Gesichtspunkt der Chronologie fallen. Hesiod sagt von einem bestimmten Monatstag, dem 24., er sei nach der Meinung mancher Leute günstig Vormittags, weniger günstig Nachmittags (ἠοῦς γιγνομένης· ἐπὶ δείελα δ' ἐστὶ χερείων, ἔργα 819) und Proclus giebt zu den Worten folgenden Commentar:

ἕως τῆς ἕκτης ὥρας οὕτω καλεῖ. ὀλίγοι δὲ τὴν μετὰ τὴν εἰκάδα τοῦ μηνὸς τετάρτην ἀρίστην πρωίας οὔσης φασίν, χείρονα δὲ τῇ δείλῃ. Der Vormittag reicht also bis zur ἕκτη —. Die nächste Stelle handelt von der Länge des tropischen Jahres und von dem allmählichen Zustandekommen des julianischen Schalttags. Sie steht bei Ammianus Marcellinus XXVI, 1, 8 und lautet folgendermaßen: Spatium anni vertentis id esse periti mundani motus et siderum definiunt veteres, inter quos Meton et Euctemon et Hipparchus et Archimedes excellunt, cum sol ... percurso signifero ... trecentis et sexaginta quinque diebus emensis et noctibus ad eundem redierit cardinem ... Sed anni intervallum verissimum memoratis diebus et horis sex ad usque meridiem concluditur plenam, annique sequentis erit post horam sextam initium porrectum ad vesperam. Tertius a prima vigilia sumens exordium ad horam noctis extenditur sextam; quartus a medio noctis ad usque claram trahitur lucem. Ne igitur haec computatio variantibus annorum principiis et quodam post horam sextam diei, alio post sextam excurso nocturnam, scientiam omnem squalida diversitate confundat et autumnalis mensis inveniatur quandoque vernalis, placuit senas illas horas, quae quadriennio viginti colliguntur atque quattuor, in unius diei noctisque adjectae transire mensuram. Ammianus läßt also das erste Jahr der julianischen Schaltperiode beginnen mit Sonnenaufgang und vermöge des Überschusses von 6 Stunden dauern bis Mittag, das zweite sodann dauern bis Sonnenuntergang, das dritte bis Mitternacht, das vierte wieder bis Sonnenaufgang. Die Bedeutung dieser Stelle für unsere Frage braucht nicht weiter erörtert zu werden, dagegen bietet sie Anlaß zu einer Bemerkung, die uns im folgenden von Nutzen sein wird. Wenn Ammianus sagt, das zweite Jahr fange post horam sextam diei, das vierte post horam sextam noctis an, so soll das offenbar nicht heißen nach 6 Uhr, sondern um 6 Uhr. Man fühlte im antiken Sprachgebrauch unter Umständen noch die ursprüngliche Bedeutung des Zeitraums durch und sagte daher richtig post horam sextam = nach Verfluß der sechsten Tagesstunde, wie man andererseits für denselben Zeitpunkt horâ sextâ sagen konnte, wobei man sich das Participium peractâ oder das Adjektivum plenâ oder ähnliches dazu denken konnte. Dieselbe Bedeutung von post bei Stundenformeln finde ich noch in manchen anderen Beispielen: Horaz lädt zum Essen ein mit den Worten post nonam venies (Ep. I, 7, 71.) und meint damit gewiß nicht irgend eine beliebige Zeit nach 9 Uhr, sondern 9 Uhr, die gewöhnliche Essenszeit selbst (s. unten). Noch deutlicher ist eine Bemerkung des Servius zu Virgil, Georg. I, 217 f.

> Candidus auratis aperit quum cornibus annum
> Taurus et adverso cedens canis occidit astro.

„Nam canis paranatellon est cancri, id est cum eo oritur. Cancer autem quo tempore sol in tauro est, post horam quartam diei oritur. Nam taurus et gemini binas horas tenent". Also post horam quartam = horâ quartâ. Columella sagt von der Rosinenlese XII, 43: Omnis uva sine noxa servari potest, si luna decrescente et sereno coelo post horam quartam, cum jam insolata est, nec roris quidquam habet, viti detrahatur und diese Regel wiederholt sich wörtlich bei Cassianus Bassus, Geoponica IV, 15: Σταφυλὰς τὰς εἰς ἀπόθεσιν τοῦ χειμῶνος συναγομένας μετὰ πανσέληνον ἀποτέμνειν χρή, εὐδιεινοῦ ὄντος τοῦ ἀέρος, περὶ τετάρτην ὥραν τῆς ἡμέρας, ἤδη ἀπεψυγμένων τῶν δρόσων, also finden wir auch hier post horam quartam und περὶ τετάρτην ὥραν ohne Unterschied gebraucht, da jedenfalls die Benützung einer gemeinschaftlichen Quelle vorliegt. Ich schließe also, daß man für den Zeitpunkt der abgelaufenen Stunde gleicherweise hora sexta und post horam sextam sagen konnte, mit dem einzigen Unterschied, daß mit dem letzteren Ausdruck der Ablauf des alten Zeitabschnitts und der Übergang zu einem neuen vielleicht noch etwas energischer betont war. Hiemit gehe ich über zu einer bekannten Stelle aus den Antiquitäten des Varro, wo von den verschiedenen Anfängen des bürgerlichen Tages die Rede ist.

Ich gebe den Wortlaut nach A. Gellius im 3. Buch, wo das 2. Capitel samt der Überschrift folgendermaßen lautet:

Quemnam esse natalem diem M. Varro dicat, qui ante noctis horam sextam postve eam nati sunt; atque inibi de temporibus terminisque dierum, qui civiles nominantur et usquequaque gentium varie observantur; et praeterea quid Q. Mucius scripserit super ea muliere, quae a marito non jure se usurpavisset, quod rationem civilis anni non habuerit.

Quaeri solitum est, qui noctis hora tertia quartave sive qua alia nati sunt, uter dies natalis haberi appellarique debeat; isne quem nox ea consecuta est, an qui dies noctem consecutus est. M. Varro in libro rerum humanarum, quem de diebus scripsit: homines, inquit, qui in[de a] media nocte ad proximam mediam noctem in his horis viginti quatuor nati sunt, uno die nati dicuntur. Quibus verbis ita videtur dierum observationem divisisse, ut qui post solem occasum ante mediam noctem natus sit, is ei dies natalis sit, a quo die ea nox coeperit, contra vero qui in sex noctis horis posterioribus nascatur, eo die videri natum, qui post eam noctem diluxerit.

Athenienses autem aliter observare, idem Varro in eodem libro scripsit, eosque a sole occaso ad solem iterum occidentem omne id medium tempus unum diem esse dicere. Babylonios porro aliter: a sole enim exorto ad exortum ejusdem incipientem [l. insequentem] totum id spatium unius diei nomine appellare; multos vero in terra Umbria unum et eundem diem esse dicere a meridie ad insequentem meridiem: quod quidem, inquit, nimis absurdum est. Nam qui Calendis hora sexta apud Umbros natus est, dies ejus natalis videri debebit et Calendarum dimidiarum et qui est post Calendas dies ante horam ejus dici sextam[1].

Populum autem Romanum ita, uti Varro dixit, dies singulos adnumerare a media nocte ad mediam proximam, multis argumentis ostenditur. Sacra sunt Romana partim diurna, alia nocturna; sed ea quae inter noctem fiunt, diebus addicuntur non noctibus; quae igitur sex posterioribus noctis horis fiunt, eo die fieri dicuntur, qui proximus eam noctem inlucescit. Ad hoc ritus quoque et mos auspicandi eandem esse observationem docet: nam magistratus, quando uno die eis auspicandum est et id super quo auspicaverunt, agendum, post mediam noctem auspicantur et post meridiem sole magno agunt auspicatique esse et egisse eodem die dicuntur. Praeterea tribuni plebei, quos nullum diem abesse Roma licet, cum post mediam noctem proficiscuntur et post primam facem ante mediam sequentem revertuntur, non videntur afuisse unum diem, quoniam ante horam noctis sextam regressi, parte aliqua illius in urbe Roma sunt.

Q. quoque Mucium jureconsultum dicere solitum legi, non esse usurpatam mulierem, quae cum Calendis Januariis apud virum matrimonii causa esse coepisset, ante diem IIII Calendas Januarias sequentes usurpatum isset: non enim posse impleri trinoctium, quod abesse a viro usurpandi causa ex duodecim tabulis deberet, quoniam tertiae noctis posterioris sex horae alterius anni essent, qui inciperet ex Calendis.

Istaec autem omnia de dierum temporibus et finibus ad observationem disciplinamque juris antiqui pertinentia cum in libris veterum inveniremus, non dubitabamus, quin Vergilius quoque id ipsum ostenderit, non exposite atque aperte,

---

[1] Bei Macrobius: et Calendarum dimidiatus et qui post Calendas erit usque ad horam ejus dici sextam.

sed ut hominem decuit poeticas res agentem, recondita et quasi operta veteris ritus significatione.

> Torquet, inquit, medios nox umida cursus
> Et me saevus equis oriens afflavit anhelis.

Ilis enim versibus oblique, sicut dixi, admonere voluit, diem quem Romani civilem appellaverunt, a sexta noctis hora oriri.

Die Varianten bei Macrobius sind, soweit sie hier überhaupt in Betracht kommen, unter dem Text angegeben und so mögen hier gleich die betreffenden Notizen des Isidorus und Beda mitfolgen. Jener sagt D. nat. rer. V, 2: Dies secundum Aegyptios inchoat ab occasu solis, secundum Persas ab ortu solis, secundum Athenienses a sexta hora diei, secundum Romanos a media nocte. Wenn Isidor von seinem Original in Bestimmung des Tagesepoche der Athener abweicht, so ist hier ein einfacher lapsus memoriae zu constatieren, gewiß nicht, wie schon angenommen worden ist (vgl. Chronologie von August Mommsen S. 54. Anm. 1), daß Isidor nach modern europäischer Stundenrechnung Abends 6 Uhr verstanden hätte, was an und für sich unmöglich auch durch die Angaben Bedas widerlegt wird. Dieser fügt zu dem einem Mißverständnis noch das weitere in Bezug auf die jüdische Tagesepoche, wenn er lehrt: (De ratione temporum. Cap. de Die.) Discipulus: Quot sunt januae diei? Magister: Quatuor, apud Chaldaeos ab ortu solis usque ad ortum solis, apud Aegyptios ab occasu solis ad occasum solis. Apud Hebraeos ab hora sexta usque ad horam sextam, quia noctem non computabant Hebraci. Apud Romanos a media nocte usque ad mediam noctem. Was er aber unter hora sexta versteht, das erhebt über jeden Zweifel die darauffolgende Stelle: „Dies secundum Hebraeos et Athenienses a sexta hora diei incipit, quia Hebraei secundum lunam numerant, et sic computant, quasi media die aetas lunae commutetur aut accendatur", wenn

auch der angeführte Grund sich nicht durch besondere
Klarheit empfiehlt. Wir überlassen die Verantwortung für
diese Behauptung, daß die Juden die Mondsveränderungen
von Mittag an berechnet haben, dem Beda Venerabilis und
kehren zu den Stellen des Gellius zurück, um eine hier
besonders hervortretende Eigenthümlichkeit des Sprachgebrauchs genauer in's Auge zu fassen. Varro findet die um-
brische Weise, den Kalendertag von Mittag zu Mittag zu
rechnen, besonders deßwegen lächerlich, weil auf diese Weise
für einen hora sexta Calendis geborenen als Geburtstag
gelten muß „et Calendarum dimidiarum (dimidiatus bei Macrobius) et qui est post Calendas dies ante horam ejus diei
sextam." Der bürgerliche Tag ist eine Erweiterung des
Begriffs des natürlichen Tages, veranlaßt durch die Notwendigkeit auch die Nächte, ohne sie immer besonders zu
nennen, im Rahmen des Tages unterzubringen. Dabei war
der Lichttag das ursprüngliche und wesentliche, der eigentliche Gegenstand der Zählung, die Nacht das unwesentliche,
nachträglich hinzugenommene. Ob man nun die letztere
vorn oder hinten anhängte, oder ob man sie mit den Römern
in zwei Teile zerteilte und den einen mit dem vorhergehenden,
den andern mit dem folgenden Lichttag verband, in allen
drei Fällen war der Lichttag, dem der Name „Tag" von
Anfang an allein und ausschließlich zukam, als der eigentliche Kern des bürgerlichen Tages bestätigt und in seiner
Einheit erhalten. Anders, wenn man mit den Umbrern
(genau genommen mit multis in terra Umbria) den Kalendertag Mittags anfangen ließ. Diese Methode zerriß das, was
man ursprünglich als den eigentlichen Tag angesehen hatte,
und was man im praktischen Leben immer noch und zwar
mit Recht als den eigentlichen Tag ansah, in zwei Teile,
schlug also der natürlichen Anschauung, welche die Periode
von Sonnenauf- bis Untergang als eine zusammengehörige
Einheit anzusehen gewohnt war, geradezu in's Gesicht. Popu-

lare Begriffe wie heute und morgen konnten auch bei den Umbrern von dieser durch die Natur gegebenen Grundlage nicht abgelöst werden und so war die Folge, daß jeder Umbrer, der bei Tag geboren war — die Richtigkeit der Varronischen Angabe vorausgesetzt —, indem er die fortwirkende natürliche Anschauung mit den Folgen der künstlichen Satzung verband, sich selbst zwei Geburtstage zuschreiben mußte. War seine Geburt in der Zeit zwischen Sonnenaufgang und Mittag erfolgt, so war er genötigt, diesen und den vorhergehenden Lichttag als seine Geburtstage anzusehen, war der Moment seiner Geburt nach Mittag gewesen, so war es der laufende und der nachfolgende. Was also Varro sagt: „Wer hora sexta Calendis geboren ist, der hat bei den Umbrern zum Geburtstag sowohl die zweite Hälfte des ersten, als die erste Hälfte des zweiten", das paßt im Grunde für jeden, der am 1. Nachmittags geboren ist und wenn er speziell die hora sexta nennt, so kann er damit nur beabsichtigt haben, den allerersten Moment des von ihm vorausgesetzten umbrischen Kalendertags zu bezeichnen. Hier ist also die Vorstellung der laufenden sechsten Stunde so sehr zurückgedrängt, daß der Moment der hora sexta nicht mehr als Schlußpunkt der vorhergehenden Stunde, auch nicht als der ausdehnungslose Teilstrich zwischen zwei Stunden, sondern geradezu als der erste Moment des neuen Zeitabschnittes, zunächst der neuen Stunde, weiterhin des neuen Kalendertags gefühlt wird.

Eine ähnliche Anschauung findet sich an mehreren Stellen der Digesten, wo gleichfalls der erste Moment des neuen römischen Kalendertags mit der Formel hora sexta noctis, doch vorzugsweise mit dem deutlicheren post horam sextam noctis ausgedrückt wird. Zum richtigen Verständnis dieser Stellen, die meistens falsch erklärt werden, ist es aber nötig zu wissen, daß in Rom der Kalendertag zwar für die Rechtsgelehrten von Mitternacht bis Mitternacht dauerte und daß diese Berechnung bei der Entscheidung juristischer Streitfragen zur praktischen Verwendung kam, daß aber die sprachliche Bezeichnung der einzelnen Nacht und die Sitte des Datierens bedingt war durch eine in Rom vielfach verbreitete populäre Berechnung des Kalendertags, wornach derselbe vielmehr von Morgen zu Morgen, bezw. von Sonnenaufgang bis Sonnenaufgang gerechnet wurde [1]. Daraus folgt, daß unter dem Ausdruck hora sexta noctis pridie Kalendas Januarias, der sich in den hieher gehörigen Stellen der Digesten dreimal wiederholt, nicht, wie man gegenwärtig allgemein annimmt, Mitternacht zwischen dem 30. und 31. Dezember gemeint sein kann, sondern vielmehr Mitternacht vom 31. Dezember auf 1. Januar, wie Savigny mit Recht erklärt (System des römischen Rechts IV, 384 ff.). Es sind hauptsächlich drei Kapitel des römischen Zivilrechts, die hier in Betracht kommen, 1. die Usucapion, 2. die Manumissionsfähigkeit, 3. die Testamentierfähigkeit.

Die Testamentierfähigkeit sollte nach römischem Recht für männliche Personen mit dem zurückgelegten vierzehnten, für weibliche mit dem abgelaufenen zwölften Jahre eintreten. Da aber eine Berechnung der Jahre a momento ad momentum, in diesem Fall von dem eigentlichen Moment der Geburt bis zur Wiederkehr desselben Momentes nach 14 bzw. 12 Jahren, die sogenannte Natural-computation nach den Anschauungen des römischen Rechts nicht zulässig war, so erhob sich die Frage, mit welchem Moment die Testamentierfähigkeit für das einzelne Individuum beginnen solle. Darauf bezieht sich folgende Stelle aus den Pandekten: L. 5. qui test. (Dig. 28, 1) Ulpian. lib. VI. ad Sabin.: A qua aetate testamentum vel

---

[1] Dies wird von mir ausführlich nachgewiesen in meiner kürzlich erschienenen Schrift „Der bürgerliche Tag. Untersuchungen über den Beginn des Kalendertags im class. Alterthum und im christl. Mittelalter." Stuttgart, Kohlhammer 1888. Seite 207 ff.

masculi vel feminae facere possunt videamus. Et verius est, in masculis quidem quartum decimum annum spectandum, in feminis vero duodecimum completum. Utrum autem excessisse debeat quis quartum decimum annum, ut testamentum facere possit, an sufficit complesse? Propone aliquem Kalendis Januariis natum testamentum ipso natali suo fecisse quartodecimo anno, an valeat testamentum?. Dico valere. Plus arbitror: Etiamsi pridie Kalendarum fecerit post sextam horam noctis, valere testamentum: jam enim complesse videtur annum quartum decimum, ut Marciano videtur. Faßt man ins Auge, daß der dies natalis und die Kalendae Januariae nach der gewöhnlichen Anschauung des römischen Publikums mit dem Morgen anfiengen, und daß der römische Jurist in seiner Ausdrucksweise hievon abhängig ist, während er in seiner materiellen Entscheidung der juridischen Frage von der mitternächtlichen Epoche der Juristen ausgeht, so wird man in der Auseinandersetzung Ulpians folgenden Gedankengang erkennen: „Es ist zur Erreichung der Testamentierfähigkeit nicht nötig, daß man das 14. Lebensjahr überschritten habe. Vielmehr kann ein junger Mann schon an dem Geburtstag (nach populärer Weise von Morgen an gerechnet), an dem er 14 Jahre alt wird, ein gültiges Testament machen. Ja noch mehr: er kann es schon den Tag zuvor machen, wenn er nur den Ablauf der 6. Nachtstunde abwartet, denn — so dürfen wir den Gedanken Ulpians ergänzen — wenn man diesen Zeitpunkt auch im gewöhnlichen Leben als pridie Kalendas post sextam horam noctis bezeichnet, so ist er doch andererseits vom Standpunkt des römischen Rechts bereits als der erste Augenblick des neuen Tages anzusehen".

Die lex Aelia Sentia hatte jedem, der noch nicht zwanzig Jahre alt war, die uneingeschränkte Freilassung seiner Sklaven untersagt. Mit welchem Tage sollte nun dieses Verbot aufhören? Auf diese Frage bezieht sich folgender Ausspruch Ulpians: L. 1. de manumiss. (Dig. 40, 1) Ulpian. lib. VI ad

Sabin.: placuit eum qui Kalendis Januariis natus est, post sextam noctis pridie Kalendas, quasi annum vicesimum compleverit, posse manumittere: non enim majori viginti annis permitti manumittere, sed minorem manumittere vetari: jam autem minor non est, qui diem supremum agit anni vicesimi. Dieselbe Entscheidung und dieselbe Motivierung, wie im vorhergehenden Fall! Wer am 1. Januar geboren wurde, kann schon am Tag vor seinem zwanzigsten Geburtstag eine Freilassung vornehmen, sowie Mitternacht vorüber ist; „als hätte er das zwanzigste Jahr vollendet", setzt Ulpian hinzu, weil nach der gewöhnlichen Anschauung, die den Geburtstag erst am andern Morgen eintreten ließ, das Ende des zwanzigsten Jahres noch nicht vollständig erreicht war. Dagegen vom Standpunkt der mitternächtlichen Epoche der Juristen tritt mit der hora sexta noctis pr. Kal. der erste Moment des neuen bürgerlichen Tages ein. Von diesem Standpunkt aus darf also der Manumittens für sich geltend machen, se diem supremum agere anni vicesimi. Freilich sagen diejenigen Erklärer, die post horam sextam noctis pr. Kal. Jan. als Mitternacht zwischen dem 30. und 31. Dezember auffassen, der Geburtstag sei nicht der letzte Tag des 20 Jahres, sondern der 1. des 21. Allein in Wahrheit sind beide Auffassungen gleich gut möglich, denn der Geburtstag ist eben derjenige Tag, in dem man das vorhergehende Jahr beendigt und das neue beginnt.

Als die zur Ersitzung notwendige Zeit war durch die Zwölftafeln ein Zeitraum von zwei Jahren für unbewegliches Gut, ein einziges Jahr für bewegliches Gut bestimmt worden. Da aber der Anfang des Besitzes in den seltensten Fällen mit dem Anfang eines Kalendertages zusammenfiel, so erhob sich auch hier die Frage, wie der Ablauf der Ersitzungsfristen berechnet werden solle. Hierüber finden sich in den Digesten folgende Stellen: L. 15 pr. de div. temp. praescr. (44, 3) Venulejus lib. V Interd.: In usucapione ita servatur, ut etiamsi

minimo momento novissimi diei possessa sit res, nihilo minus
repleatur usucapio nec totus dies exigitur ad explendum con-
stitutum tempus. Der letzte Tag ist der Kalendertag, an dem
ein bezw. zwei Jahre zuvor der Besitz angetreten worden ist.
Wenn von diesem Tag auch nur ein Moment vorübergegangen
ist, ohne daß der Besitz unterbrochen wurde, so ist damit die
Ersitzungsfrist als abgelaufen zu betrachten. Darnach sind
dann folgende Stellen zu erklären: L. 6 de usurp. (41, 3)
Ulpian. lib. XI ad Ed. und L. 7 de usurp. (41, 3) Ulpian. lib.
XXVII ad Sabin.: In usucapionibus non a momento ad momentum, sed totum postremum diem computamus —. Ideoque
qui hora sexta diei Kalendarum Januariarum possidere coepit,
hora sexta noctis pridie Kalendas Januarias implet
usucapionem. Das heißt: Bei der Usucapion rechnen wir
nicht von dem eigentlichen Moment der Besitzergreifung bis
zur Wiederkehr desselben Momentes, sondern wir rechnen den
letzten Tag (sowie er angebrochen ist) als ganzen. Wer daher
beispielsweise um 6 Uhr am 1. Januar den Besitz angetreten
hat, vollendet die Ersitzungsfrist mit der Mitternacht zwischen
dem 31. Dezember und dem 1. Januar. Vergleicht man die
letzte Stelle mit dem Ausdruck des Venulejus „etiamsi minimo
momento novissimi diei possessa sit res" so erkennt man,
daß auch Ulpian ähnlich wie Varro bzw. Gellius in der
Stelle von den Umbrern bei der hora sexta nicht nur an
den Ablauf der vorhergehenden, sondern wesentlich auch an
den Eintritt der neuen Stunde und zugleich des neuen
Kalendertags denkt. Es muß also der Gedanke an die
laufende 6. Stunde bei einem solchen Gebrauch der Formel
als vollständig verschwunden betrachtet werden.

IV. Hora 0 und Hora XII.

Wenn unter hora VI, wie wir eben nachgewiesen haben, durchaus die eigentliche Mitte des Tages verstanden wurde, so müßten consequenter Weise für die beiden Endpunkte — τὰ πέρατα τῆς ἡμέρας wie Galenus sagt — die Ausdrücke hora 0 und hora XII gebraucht erscheinen. Allein die antiken Sprachen haben bekanntlich keine Null und auch hora duodecima noctis und hora duodecima diei für Sonnenauf- und -Untergang waren zu abstrakte und künstliche Bezeichnungen, um die von der Natur gegebenen, nehmlich eben Sonnenaufgang und -Untergang verdrängen zu können [1]. Mit den Ausdrücken meridies und μεσημβρία verhielt sich das wesentlich anders, weil dieselben auch in einer weiteren Bedeutung gebraucht, wobei sie einen größeren Zeitraum umfaßten, für den Begriff der μεσημβρία ἀκριβής nicht scharf genug erschienen. Unter den geschilderten Umständen wäre es schwer, den Nachweis zu liefern, daß die genannten horae, die duodecima noctis und die duodecima diei im Sinne von Sonnenaufgang bzw. Sonnenuntergang gebraucht werden. Wir erhalten aber dasselbe Resultat, wenn wir umgekehrt den Beweis liefern können, daß die Ausdrücke Sonnenauf- und Sonnenuntergang den nicht oder wenig gebräuchlichen Stundenformeln hora duodecima noctis und diei entsprechen und die-

---

[1] In späteren Kapiteln wird sich übrigens zeigen, daß in gewissen Zusammenhängen die Ausdrücke hora duodecima diei und noctis keineswegs vermieden werden.

selben vorkommenden Falls ersetzen. Diesen umgekehrten
Beweis zu liefern, benütze ich eine Krankengeschichte, die
Galenus aus seiner Praxis erzählt.

Sie steht in der Ausgabe von Kühn, VII, 354 ff. und
betrifft einen jungen Menschen, der zu gleicher Zeit zwei
verschiedene Fieber hat, 1) ein intermittierendes, alle zwei,
(griechisch: alle drei) Tage sich wiederholendes Gallenfieber,
einen Tritäus, wie die antiken Ärzte sagen, und 2) ein
Schleimfieber, das zwar jeden Tag einen neuen Anfall er-
zeugt, aber auch in der Zwischenzeit nicht ganz aufhört —
nach der Ausdrucksweise des Galen, einen ἀμφημερινὸς συνεχής.
Indem nun Galen nach seiner Gewohnheit aufs genaueste
den Eintritt der einzelnen Fieberanfälle nach Tag und Stunde
verzeichnet, gibt er uns Gelegenheit den Sinn dieser Stundenformeln zu controlieren. Der erste Anfall des Tritäus erfolgt am ersten Tag ἕωθεν, d. h. um Sonnenaufgang, wie sich
in der Folge zeigen wird. Der zweite am 3. Tag um die
zweite Stunde, der dritte am 5. Tag um die vierte Stunde,
der vierte am 7. Tag um die sechste Stunde, oder sagen wir
lieber gleich von Anfang an, indem wir unser Endergebnis
hier anticipieren: Der zweite Anfall kam um 2 Uhr, der dritte
um 4 Uhr, der vierte um 6 Uhr, allemal mit Überspringung
von einem Tag und zwei Stunden, das Fieber ist also nach
der Ausdrucksweise Galens ein πυρετὸς ὑστερίζων. Soweit
das Gallenfieber. Das Schleimfieber, das jeden Tag einen
Anfall bringt, tritt am ersten Tag ein um 6 Uhr, am zweiten
um 4 Uhr, am dritten um 2 Uhr u. s. fort, es ist also ein
πυρετὸς προλαμβάνων, und zwar ist bei beiden Fiebern das
Maß der Verfrühung und der Verspätung gleich groß,
nemlich zwei Stunden. Man sieht, daß wenn diese Ver-
schiebungen der beiden Fieber sich durch mehrere Tage in
derselben Weise fortsetzen, die Anfälle hie und da auch
auf hora 0 oder XII, sei es diei, sei es noctis fallen müssen.
Wenn nun der Schriftsteller statt der eben erwähnten For-

meln, die rechnungsmäßig eintreten müssen, die Ausdrücke Sonnenaufgang und Sonnenuntergang gebraucht, so liegt darin ein mathematischer Beweis, daß für den Schriftsteller Sonnenaufgang und hora duodecima noctis, und wiederum Sonnenuntergang und hora duodecima diei identische Begriffe sind. Ich gebe nun dem berühmten Pergamener das Wort, indem ich mir erlaube, seine etwas weitläufige Darstellung hie und da zu verkürzen. Verschiedene griechische Kunstausdrücke, die ich nicht oder wenigstens nicht kurz genug im Deutschen wiederzugeben vermag, möge man mir ebenfalls zu Gute halten.

Am ersten Tag fieng bei dem jungen Menschen, bei dem ich die erwähnte Kombination eines Tritäus und eines ἀμφημερινός beobachtete, Morgens (ἔωθεν) ein regelrechter Tritäus mit allen charakteristischen Symptomen an, und dauerte bis 6 Uhr, wo plötzliches galliges Erbrechen u. s. f. das Aufhören dieses Anfalls anzeigte. Aber unmittelbar darauf trat Schauder ein und ein kurzer unregelmäßiger Puls ließ auf eine neue ἐπισημασία [1] schließen (damit beginnt also der ἀμφημερινός). Das machte dann so fort unter allen Anzeichen der ἐπισημασία und schwächeren Spuren der ἐπίδοσις bis 11 Uhr. Von da an bis Nachts 4 Uhr war die ἐπίδοσις unverkennbar. Von nun an hielt sich das Fieber für die Wahrnehmung auf seiner Höhe bis 6 Uhr Nachts. Dann aber war es sichtlich im Abnehmen bis 4 Uhr am zweiten Tag. Jetzt um 4 Uhr treten plötzlich wieder alle Symptome der ἐπισημασία ein, d. h. es beginnt der 2. Anfall des ἀμφημερινός und zwar 2 Stunden früher als Tags zuvor, um 4 Uhr statt um 6 Uhr. Das Fieber nahm dann ohne weitere Komplikationen zu bis

---

[1] Galen unterscheidet bei einem Fieberanfall 4 Stadien 1) die ἐπισημασία = Eintritt, 2) die ἀνάβασις oder ἐπίδοσις, das allmählige Zunehmen, 3) die ἀκμή = Höhepunkt und 4) die παρακμή, das allmählige Abnehmen.

Abends, erreichte seinen Höhepunkt 4 Uhr Nachts, und begann von 6 Uhr Nachts entschieden nachzulassen. Es war nun hiemit offenbar, daß man den nächsten Anfall des ἀμφημερινός am dritten Tag um 2 Uhr zu erwarten hatte. Wie es aber mit dem Tritäus gehen werde, ob er dieselbe Zeit einhalten werde wie das erstemal, konnte man nicht zum voraus wissen. Da trat nun um 2 Uhr ein mit Schauder verbundener Anfall ein, der viel schneller zunahm als man an den Anfällen des ἀμφημερινός am 1. und 2. Tag beobachtet hatte, und eine Reihe eigentümlicher Erscheinungen zeigte. Kurzum, Galen erkannte darin eine Mischform der beiden zur selben Zeit zusammentreffenden Fieber „καὶ τί γὰρ ἄλλο — heißt es im Original — ἢ ἀκριβοῦς ἡμιτριταίου παροξυσμὸς οὗτος ἐγένετο; τῶν δύο πυρετῶν κατὰ τὴν αὐτὴν ὥραν εἰσβαλλόντων διὰ τὸ προλαβεῖν μὲν ὥραις δύο τὸν καθ' ἑκάστην ἡμέραν παροξυνόμενον, ὑστερῆσαι δὲ δυοῖν ὥραιν τὸν τριταῖον, ὥστε τῷ δυναμένῳ γνωρίζειν ἰδέας πυρετῶν ἐναργῶς φαίνεσθαι κεκραμένα τά τε τοῦ τριταίου καὶ τὰ τοῦ συνεχοῦς ἀμφημερινοῦ συμπτώματα." Indem nun die beiden Fieber in derselben Weise fortmachten, das eine jeden Tag sich wiederholte mit einer regelmäßigen Verfrühung, das andere einen Tag um den anderen mit einer regelmäßigen Verspätung von je zwei Stunden, so traf der nächste Fieberanfall am vierten Tag ein mit Sonnenaufgang (ἀνατέλλοντος τοῦ ἡλίου, also Sonnenaufgang gleich hora 0) und zwar mit dem ausgesprochenen Charakter eines Schleimfiebers. Es war nun nach dem bisherigen zu erwarten, daß der fünfte Anfall desselben eintreten werde um 10 Uhr Nachts (also Sonnenaufgang = hora XII noctis), weil es ja eine regelmäßige Verfrühung von zwei Stunden zeigte; der dritte Anfall des Gallenfiebers dagegen war auf den fünften Tag um 4 Uhr zu erwarten, so daß also zwischen beiden Anfällen ein Zwischenraum von sechs Stunden vorauszusehen war. Diese Erwartung bestätigte sich vollständig, denn um 10 Uhr in der vierten Nacht stellte sich ein reines Schleimfieber ein und dauerte so fort bis 4 Uhr des nächstfolgenden Tags, dann verband sich damit ein Gallenfieber mit mäßigem Kältegefühl und von da an waren gemischte Symptome sowol des Gallen- wie des Schleimfiebers zu beobachten. In der nächstfolgenden Nacht kam dann der neue Anfall des Schleimfiebers programmgemäß um 8 Uhr, in der übernächsten ebenso um Mitternacht (also μέση νύξ = ὥρα ἕκτη νυκτός). Nachdem es bis zum nächsten d. h. siebenten Tag um Mittag angedauert hatte (also μεσημβρία zwei Stunden nach 4 Uhr = 6 Uhr), ließ das Schleimfieber zwar nach, wurde aber wieder durch den Tritäus abgelöst, der mit allen regelrechten Kriterien auftrat, dießmal aber Abends feuchte Haut mit sich brachte, zum deutlichen Zeichen für jeden erfahrenen, daß er an Intensität nachlasse und nach einigen Anfällen vollends aufhören werde. Auch trat jetzt entschiedene Besserung im Gemeinbefinden des Patienten ein. Dieser Zustand dauerte bis 4 Uhr Nachts. Jetzt stellte sich das Schleimfieber wieder ein, das die ganze Nacht und den nächsten Tag fortdauerte. Die achte Nacht brachte den neuen Anfall um 2 Uhr. Am neunten Tag hätte man den Tritäus um 8 Uhr erwarten sollen. Dafür trat er aber — ein Zeichen seines allmäligen Erlöschens — erst um 9 Uhr ein. Mit ihm verband sich — wieder um seine zwei Stunden vorauseilend, um Sonnenuntergang (ἡλίου δυομένου, also Sonnenuntergang zwei Stunden früher als ὥρα δευτέρα νυκτός = hora 0 noctis) das Schleimfieber. Letzteres dauerte dann die Nacht hindurch und mit allmäliger Abnahme durch den folgenden Tag, bis um 10 Uhr des zehnten Tages wieder der neue Anfall kam (also Sonnenuntergang zwei Stunden später als 10 Uhr = hora duodecima diei). Am elften Tag kam er dann wieder um 8 Uhr mit dem ausgesprochenen Charakter eines Schleimfiebers. Nachts um 1 Uhr (περὶ ὥραν πρώτην) stellte sich dann wieder der echte Tritäus ein, dießmal mit einer Verspätung von vier Stunden (also ὥρα πρώτη νυκτός vier Stunden später als 9 Uhr Tags). Nachts um 6 Uhr bekam dann der Patient einen galligen Stuhlgang und feuchte Haut, und die παρακμή nahm mehr und mehr den Charakter eines ganz fieberlosen Zustandes an. Es war augenscheinlich, daß der Tritäus ganz aufhörte und das Schleimfieber allein noch zurückblieb, allein auch dieses ohne die frühere Heftigkeit. Daher kam der Anfall am zwölften Tag nicht mehr um zwei Stunden früher, sondern erst um 7 Uhr, am dreizehnten Tag wieder um 7 Uhr, also ohne jegliche Verfrühung, und beim Abnehmen eine merkliche Besserung des Patienten zurücklassend. Am vierzehnten Tag kam er gar erst um 9 Uhr. Es zeigten sich auch Spuren der wiederkehrenden Verdauung, kurzum die Krankheit war an ihrem Ende. — Soweit der abgekürzte Wortlaut des Pergameners. Am schnellsten überblickt man die etwas komplizierten Einzelheiten des Krankheitsverlaufs samt den Schlüssen, die ich daraus ziehe, aus folgender Tabelle, in der die Anfälle des Tritäus (I—VI) mit römischen, die des ἀμφημερινός (1—15) mit arabischen Zahlzeichen eingetragen sind, so daß man mit einem Blick sieht, wie I und 4 auf die hora 0 diei = duodecima noctis, 10 auf hora 0 noctis = duodecima diei fällt u. s. w.

IV. Hora 0 und hora XII.

Horae noctis

	0	1	2	3	4	5	6	7	8	9	10	11
											5	
									6			
							7					
						8						
					9							
				VI								
	10											

Horae diei

Voll-Tage	0	1	2	3	4	5	6	7	8	9	10	11
1	1						1					
2			II									
3												
4			2		III							
5	4											
6							IV					
7												
8										V		
9									12			
10											11	
11								13				
12								14				
13												
14										15		

Was für den griechischen Sprachgebrauch diese ausführliche Krankengeschichte des pergamenischen Arztes ergibt, die Identität von Sonnenaufgang und hora 0 diei, von Sonnenuntergang und hora duodecima diei oder hora 0 noctis, möge für den lateinischen Sprachgebrauch aus einer kleinen Berechnung des Beda Venerabilis ersehen werden. Er läßt — mit einer etwas subjektiven Verwendung alter Ausdrücke — den Lichttag von Sonnenaufgang bis Sonnenuntergang in drei gleiche Teile zerfallen: mane, meridies, suprema, also jede zu vier Stunden 1) $0^h — 4^h$, 2) $4^h — 8^h$, 3) $8^h — 12^h$. Diese Verteilung drückt nun Beda folgendermaßen aus (De ratione temp. c. de die): Mane quid est et quomodo diffinitur vel quot horas habet? Mane dicitur ab ortu solis usque ad horam post tertiam, meridies ab hora post tertiam usque ad horam ante nonam, suprema ab horam ante nonam usque ad occasum solis. Es ist einleuchtend, daß hier ortus und occasus = hora 0 und hora duodecima gebraucht sind. Daß Beda statt 4 Uhr und 8 Uhr sagt: die Stunde nach 3 Uhr, die Stunde vor 9 Uhr, wird auf den ersten Anblick befremdlich erscheinen. Wir werden aber im nächsten Kapitel sehen, daß im Mittelalter, wo die Uhren sehr selten wurden, die vollständige Stundenreihe im gewöhnlichen Leben mehr und mehr außer Gebrauch kam und einer compendiarischen Stundenreihe Platz machte, die auf einer Vierteilung des Tags beruhend nur die tertia, sexta und nona enthielt. So wird es erklärlich, daß Beda die vierte und achte Stunde in der oben angegebenen Weise umschreibt.

V. Vierteilung des Tages. Horae canonicae.

Eine Vierteilung des Tages findet sich in undeutlicheren Spuren bei den Griechen der klassischen Zeit, in ausgeprägtester Form auf römischem Boden und zwar hier konsequent sowohl auf die Nacht als auf den Lichttag angewendet. Wenn sich nun in späterer Zeit diese Vierteilung mit der Stundeneinteilung verband, so ergaben sich als die Einschnitte des viergeteilten Tages, wie der viergeteilten Nacht: 3 Uhr, 6 Uhr, 9 Uhr. Wenn also in unseren Texten, die jene Vierteilung zur Voraussetzung haben, die hora tertia, sexta und nona zum Ausdruck dieser Teilung verwendet werden, so ergiebt sich als notwendiger Schluß, daß jene Stundenformeln im Sinne der abgelaufenen Stunde gebraucht sind. Nach dieser Vorbemerkung, von der der Leser leicht im einzelnen Falle die Anwendung machen wird, gehe ich zur Untersuchung der Thatsache über. Das ältere Griechentum scheint eher eine Dreiteilung des Tages und der Nacht gehabt zu haben. Bei Homer wenigstens finden sich mehrfach als Teile des Lichttags zusammengestellt: ἠώς, μέσον ἦμαρ und δείλη, Φ, 111. η 288, und eine Dreiteilung der Nacht ist angedeutet in der vielbesprochenen Stelle K, 252 (cf. μ, 312):

ἄστρα δὲ δὴ προβέβηκε, παρῴχηκεν δὲ πλέων νὺξ
τῶν δύο μοιράων, τριτάτη δ' ἔτι μοῖρα λέλειπται.

In späteren Schriftstellern dagegen finden wir einen Sprachgebrauch für die wichtigeren Teile des Lichttags, der auf eine Vierteilung hinzudeuten scheint. Herodot sagt von einer Quelle in der Oase des Jupiter Ammon (IV, 181): τὸν μὲν ὄρθρον γίνεται χλιαρόν, ἀγορῆς δὲ πληθούσης ψυχρότερον· μεσαμβρίη τέ ἐστι, καὶ τὸ κάρτα γίνεται ψυχρόν, τηνικαῦτα δὲ ἄρδουσι τοὺς κήπους· ἀποκλινομένης δὲ τῆς ἡμέρης ὑπίεται τοῦ ψυχροῦ ἐς ὃ δύεταί τε ὁ ἥλιος καὶ τὸ ὕδωρ γίνεται χλιαρόν — er unterscheidet also deutlich 4 Teile des Tages: 1. vom Morgen bis zu dem Zeitpunkt, wo der Markt sich füllt. 2. Von da bis Mittag. 3. Von Mittag bis der Tag sich neigt. 4. Vollends hinaus bis zum Sonnenuntergang. Dieselbe Einteilung und teilweise dieselben Ausdrücke hat Dio Chrysostomus in seiner 67. Rede, an einer Stelle, wo er den Ehrgeizigen mit einem Menschen vergleicht, der das Wachsen seines Schattens mit freudigen, das Abnehmen desselben mit schmerzlichen Gefühlen betrachten würde. Ein solcher wäre πρωΐ ganz stolz beim Anblick seiner σκιὰ ἑωθινή, welche die Größe von Cypressen und Thürmen erreicht, περὶ πλήθουσαν ἀγορὰν würde er beginnen trübselig zu werden; τῆς δὲ μεσημβρίας würde er sich vor Scham verkriechen, περὶ δείλην würde er wieder etwas zuverlässiger werden und dieß Gefühl würde immer mehr wachsen bis zum Abend. Für die πλήθουσα ἀγορὰ wie für die δείλη haben wir dann noch speziellere Angaben, wornach die erstere den Anfang des zweiten, letztere den Anfang des vierten Tagviertels bezeichnet. Für das eine haben wir das Zeugnis des Libanius (ep. 1084): ταῦτα ἐν τετάρτῳ μέρει τετέλεσταί σοι τῆς ἡμέρας ἀπὸ πληθούσης ἀγορᾶς εἰς μεσημβρίαν σταθερὰν, und des Suidas: περὶ πλήθουσαν ἀγορὰν = περὶ ὥρας τετάρτην, ἢ πέμπτην καὶ ἕκτην. Und für die δείλη (die allerdings daneben auch noch den ganzen Nachmittag bezeichnen kann) finden wir die Definition: δείλην γὰρ καλοῦσιν οἱ Ἀττικοὶ τὸ περὶ τὴν ἐνάτην καὶ δεκάτην ὥραν, παρὰ τὸ ἐνδεῖν τὴν εἵλην (Bekker, Anecdota I, 23). Wenn meine früher aufgestellte Erklärung richtig ist, so würde hieher auch eine Stelle aus Plato zu beziehen sein (legg. VI, 783), wo die in seinem Idealstaate vorgesehenen Eheaufseherinnen sich zu versammeln haben: ὁπόταν τοῖς ἄρχουσι δοκῇ ... πρὸς τὸ τῆς Εἰλειθυίας ἱερὸν ἑκάστης ἡμέρας ... μέχρι τρίτου μέρους ὥρας, d. h. nach der gewöhnlichen Erklärung: „täglich bis auf eine Drittelstunde", nach meiner Erklärung = μέχρι ὥρας τρίτου μέρους ἡμέρας ἑκάστης, bis zur Zeit des dritten Teils des Tages jedesmal, also wenn die Vierteilung zu Grunde liegt, bis zur Zeit, wo der dritte Tagesteil zu Ende ist, mit anderen Worten bis zur δείλη = ἀποκλινομένης τῆς ἡμέρας, wo anständige Frauen sich nicht mehr in der Öffentlichkeit zeigen [1].

Ungleich größere Bedeutung gewinnt die Vierteilung auf römischem Boden, wo sie in der Form eines fest ausgeprägten bürgerlich-militärischen Instituts erscheint. Die vier militärischen Nachtwachen könnten als allgemein bekannt ganz übergangen werden, wenn nicht die Rücksicht auf unser eigentliches Thema die Berücksichtigung einiger Stellen verlangte, in welchen die Bedeutung der Stundenformeln kontroliert werden kann. Von dem Beginn der zweiten Nachtwache sagt Lucan V, 507:

jam castra silebant,
tertia jam vigiles commoverat hora secundos;
Caesar sollicito per vasta silentia gressu
vix famulis audenda parat.

Das Aufziehen der zweiten Wache wird bewirkt durch die hora tertia, also hora tertia = 3 Uhr. Die letzte Nachtwache heißt die matutina (vgl. des jüngeren Arnobius Commentar zu Psalm 109: quarta vigilia matutina, quae in ortum luminis adimpletur). In den Anfang derselben Nachtwache setzt Plinius den Hahnenschrei (cum sole eunt cubitum, quartaque castrensi vigilia ad curas laboremque

---

[1] Korrespondenzblatt für die Gelehrten- und Realschulen Württembergs 1884, 9 und 10. Stunden bei Plato?

revocant X, 21)¹. Beide Angaben verbunden finden wir in der Definition von ὄρθρος, die ein späterer Grieche giebt (Bekker, Anecdota I, 54): ὄρθρος (= vigilia matutina) μὲν γάρ ἐστιν ἡ ὥρα τῆς νυκτός, καθ᾽ ἣν ἀλεκτρυόνες ᾄδουσιν, ἄρχεται δὲ ἐνάτης ὥρας καὶ τελευτᾷ εἰς διαγελῶσαν ἡμέραν. Also Beginn der 4. Nachtwache = ὥρα ἐνάτη = 9 Uhr.

Weniger bekannt als die vier nächtlichen Vigilien, aber für die Geschichte der Zeiteinteilung von weitaus größerem Interesse ist die ursprünglich in Rom heimische und im Lauf der Zeit von da nach allen Teilen des römischen Reichs verpflanzte entsprechende Einteilung des Tags. Sie wird kurz erwähnt von Censorinus, wenn er sagt (de die nat. 23): Horarum nomen non minus annos trecentos Romae ignoratum esse credibile est: nam XII tabulis nusquam nominatas horas invenies, ut in aliis postea legibus, sed ante meridiem, eo videlicet quod partes dici bifariam tum divisi meridies discernebat. Alii diem quadripertito sed et noctem similiter dividebant; idque consuetudo testatur militaris, ubi dicitur vigilia prima, item secunda et tertia et quarta. Näheres ergibt sich aus einer Notiz des Varro (de L. L. V, ed. Bip. S. 75): Accensum solitum ciere Boeotia ostendit, quam comoediam Alii esse dicunt, hoc versu „Ubi primum accensus clamarit meridiem". Hoc idem Cosconius in actionibus scribit, praetorem accensum solitum tum esse jubere, ubi ei videbatur horam esse tertiam, inclamare horam esse tertiam, itemque meridiem, et horam nonam. Es war also in Rom ein alter Gebrauch des Forums, daß der Amtsdiener des Prätors als Hauptabschnitte des Tages abrief: Mittevormittag, Mittag und Mittenachmittag. Daß für diese Zeitpunkte nach Einführung der Stundenrechnung

---

¹ Nach einer anderen, bei den christlichen Schriftstellern üblichen Annahme fällt das Gallicinium in die 3. Nachtwache, die im Osten geradezu ἀλεκτοροφωνία heißt.

die Ausdrücke hora tertia, meridies und hora nona gebraucht wurden, zeigt die eben mitgeteilte Stelle aus Cosconius. Schwieriger läßt sich angeben, wie man dieselben früher bezeichnete; für die hora nona darf aus mehreren Anzeichen der Ausdruck „suprema" mit grosser Wahrscheinlichkeit erschlossen werden, wenn auch die Untersuchung durch die unklare Fassung, bezw. korrupte Überlieferung zweier Hauptstellen mit Schwierigkeiten verknüpft ist. Ich gehe zunächst von Zeugnissen aus, die an Klarheit nichts zu wünschen übrig lassen. Censorinus sagt (c. 24), nachdem er die Teile der Nacht besprochen hat, von den Teilen des natürlichen Tages: Secundum diluculum vocatur mane, cum lux videtur solis; post hoc ad meridiem; tunc meridies, quod est medii diei nomen; inde de meridie; hinc suprema —, er teilt den Tag also in 4 Teile ein: mane das erste Viertel; ad meridiem das zweite Viertel bis zur eigentlichen Mittagszeit, von da an das dritte Viertel unter dem Namen de meridie, und schließlich das letzte Viertel: suprema. Die Einschnitte, welche diese vier Viertel von einander scheiden, wären also wiederum Mittevormittag, Mittag und Mittenachmittag. Noch näher berührt sich mit der Notiz aus Cosconius das Zeugnis des Plinius VII, 60: Serius etiam hoc (die Stundeneinteilung) Romae contigit. XII tabulis ortus tantum et occasus nominantur (ein Mißverständnis des Plinius, da die meridies in den zwölf Tafeln ausdrücklich genannt ist), post aliquot annos adjectus est et meridies, accenso consulum id pronuntiante, cum a curia inter Rostra et Graecostasim prospexisset solem. a columna Maenia ad carcerem inclinato sidere supremam pronuntiavit. Diese Stelle zeigt 1) daß auch der Amtsdiener des Konsuls die Zeit abrief, 2) daß er sich hiebei nach dem Stande der Sonne richtete und 3) daß die suprema wenigstens im allgemeinen den griechischen Ausdrücken περὶ δείλην, ἀποκλινούσης τῆς ἡμέρας ent-

sprach. Wir haben oben gesehen, daß man mit diesen
Ausdrücken die Mitte des Nachmittags zu bezeichnen pflegte.
Eine Stelle aus den Mythologika des Fulgentius dürfte
dieser Gleichung noch grösseres Gewicht verleihen. Er
spricht von den vier Rossen des Sonnengottes, die sich
nach seiner Meinung auf die vier Teile des Lichttages beziehen und führt diese Ansicht mit Beziehung auf die
Namen der Pferde (Erythraeus, Aethon, Lampon, Philogeus)
in folgender Weise näher aus „Erythraeus Graece rubeus
dicitur, quod a matutino sol limine rubicundus exsurgat.
Aethon splendens dicitur, quod tertiae horae momentis
vehemens insistens lucidior fulgeat. Lampon vero ardens,
cum ad umbilicum diei centratum conscenderit circulum.
Philogeus Graece terram amans dicitur, quod [ab] hora nona
proclivior vergens occasibus pronus incumbat (Mythol. I,
11). Wenn schon hiedurch die Identität der suprema mit
der hora nona nahe gelegt wird, so wird sie wenigstens
für die spätere Zeit ausser allen Zweifel gesetzt durch ein
ausdrückliches Zeugniß. Der Montanist Tertullian präcisirt
den Unterschied zwischen der strengeren Fastenpraxis seiner
Sekte und der laxeren der katholischen Kirche dahin, daß
die Psychiker — so nennt er die Katholiken — das Fasten
nicht obligatorisch machen, und nicht bis zum Sonnenuntergang, sondern nur bis 9 Uhr ausgedehnt wissen wollen.
Diese Ansicht der Psychiker entwickelt er (de jejunio c. 2.)
mit folgenden Worten: Itaque de cetero indifferenter jeju-
nandum ex arbitrio, non ex imperio . . ., sic et apostolos
observasse, nullum aliud imponentes jugum certorum et in
commune omnibus obeundorum jejuniorum; proinde nec stationum (stationes eine Art von Fasten), quae et ipsae suos
quidem dies habeant, quartae feriae et sextae (Mittwoch und
Freitag) passive tamen currant (d. h. passim et pro arbitrio
cujusque), neque sub lege praecepti, neque ultra supremam diei, quando et orationes fere hora nona

concludat, de Petri exemplo, quod actis refertur. Die
Psychiker wollen also, wenn Tertullian Recht hat, nicht
über die suprema diei hinaus fasten, weil auch die täglichen
Gebete mit der hora nona ihr Ende finden. Was hier kurz
angedeutet ist, bildet dann den Gegenstand des ganzen 10.
Capitels derselben Schrift, in welcher weitläufig auseinander-
gesetzt ist, daß die Psychiker ihre jejunia „non ultra nonam
detinebant", daß sie die hora nona „ad clausulam et expunctionem stationis interpretabantur", daß sie „nona diri-
mebant stationes" u. s. w. Es ist demnach zweifellos, daß
für Tertullian wenigstens ultra supremam diei und ultra
nonam horam gleichbedeutende Begriffe waren, und Tertullian, der viele Jahre als Sachwalter beschäftigt war, darf in
Sachen der gerichtlichen Praxis, der das Wort ursprünglich
angehörte, als ein vollwichtiger Zeuge angesehen werden.
Aber auch die anderen Zeugnisse, die bisher behandelt worden sind, stehen mit diesem Ergebnis in bestem Einklang,
und eine Schwierigkeit entsteht erst, wenn wir eine aber
ausdrücklich auf die älteste Zeit bezügliche — Bemerkung
über die suprema herbeiziehen, die sich bei Varro und weiterhin bei Censorinus vorfindet. Ersterer sagt nemlich (de
l. l. VI, 5; ed. bip. S. 52): Suprema summum diei, id a super-
rimo. Hoc tempus XII tabulae dicunt occasum esse solis;
sed postea lex Plaetoria id quoque tempus jubet esse supremum, quo praeco in comitio supremam pronuntiavit populo,
und bei Censorinus heißt es in unmittelbarem Anschluß an
die vorhin mitgeteilte Stelle über die vier Teile des Tages:
inde de meridie; hinc suprema, quamvis plurimi supremam
post occasum solis esse existimant, quia est in XII tabulis
scriptum sic „solis occasus suprema tempestas esto". Sed
postea M. Plactorius tribunus plebis scitum tulit, in quo
scriptum est: „Practor urbanus qui nunc est quique posthac
fuat, duo lictores apud se habeto isque supremam ad solem
occasum jusque inter cives dicito. Wenn schon die varronische

Stelle sich nicht eben durch besondere Klarheit auszeichnet, so ist die des Censorinus in Folge einer offenbaren Textverderbnis geradezu unverständlich. Jahn in seiner Ausgabe des Censorinus liest: usque supremam ad solem occasum und erklärt: der Prätor sei durch dieses Gesetz angehalten worden, noch die ganze suprema über bis zum Sonnenuntergang auf seinem Posten zu bleiben, auch nachdem längst der Amtsdiener den Beginn der suprema abgerufen habe. Becker-Marquardt dagegen, Handbuch V, 1 S. 261, liest: usque ad supremam und wirft die Worte ad solem occasum aus. Vielleicht wäre auch mit der unbedeutenden Correktur: usque supremam aut solem occasum geholfen, so daß das Gesetz dem Prätor freigestellt hätte, den Schluß der Verhandlungen mit der suprema oder mit Sonnenuntergang eintreten zu lassen. Jedenfalls liegt der ganzen Verwirrung eine Verwechslung zweier Bedeutungen desselben Worts zu Grunde. In der Bestimmung der Zwölftafeln: „Ante meridiem causam conjiciunt, cum perorant ambo praesentes. Post meridiem praesenti litem addicito. Si ambo praesentes, sol occasus suprema tempestas esto" (cf. Gellius XVII, 2. Voigt, die XII Tafeln, Leipzig 1883, I, 697) d. h.: nach Mittag wird, wenn die eine Partei nicht erschienen ist, zu Gunsten der andern entschieden. Sind beide Parteien da, so soll jedenfalls mit Sonnenuntergang die Verhandlung geschlossen werden —: in dieser Bestimmung ist die suprema noch kein chronologischer Begriff, sondern heißt einfach „Schluß der Verhandlungen". Es geht aber aus allen angeführten Zeugnissen hervor, daß in späterer Zeit der Schluß meistens auf einen vor Sonnenuntergang fallenden Zeitpunkt verlegt wurde. Dieser Zeitpunkt wurde nach und nach fixirt und zwar, wie wir aus den anderen Quellen entnehmen, auf Mittenachmittag; damit war nun der Begriff suprema zu einem chronologischen geworden, der identisch mit der hora nona, meistens, aber gewiß nicht immer, den Schluß der gerichtlichen Thätigkeit

mit sich brachte. Vielmehr wird es sicherlich dem Prätor
frei gestanden haben, in besonderen Fällen seine Thätigkeit
noch weiter fortzusetzen. Für gewöhnlich aber darf man
annehmen, daß die hora nona, die regelmäßige Zeit für das
Hauptessen (s. weiter unten), auch der Thätigkeit auf dem
Forum ein Ende machte. Daß nun aber ebenso die hora
tertia nicht immer und notwendig, aber doch im Allgemeinen
und der Regel nach die Thätigkeit auf dem Forum eröff-
nete, läßt sich gleichfalls aus manchen Anzeichen erschließen.
Martial sagt in einem bekannten Epigramm (IV, 8), das
später ausführlich besprochen werden soll, indem er mit
einigen flüchtigen Strichen den ganzen Tageslauf des damaligen Rom durchgeht: Exercet raucos tertia (hora) causidicos, d. h. 3 Uhr setzt die heiseren Sachwalter in Bewegung, und wo Horaz seine Begegnung mit dem lästigen
Schwätzer erzählt, der sich auf der via sacra an ihn anhängt,
um durch seine Vermittlung mit Mäcenas bekannt zu werden,
erfahren wir (Sat. I, 9, 36), daß der Prozeß, bei dem
der Aufdringliche sich stellen muß, anfängt quarta jam
parte diei praeterita, d. h. nach unserer Auffassung horâ
tertiâ.

Noch deutlicher als im bisherigen tritt die Bedeutung
der drei Zeitpunkte — der hora tertia, sexta, nona — für
das bürgerliche Leben hervor in einigen Stellen bei Tertullian, die bisher noch nicht die nötige Beachtung gefunden
zu haben scheinen. Sie zeigen nemlich nicht nur die Vierteilung des Tages, die wir bisher im Wesentlichen für Rom
konstatieren konnten, auch in einer entlegenen Provinz des
römischen Reiches in Übung, sondern sie lassen auch durch
ihren Wortlaut schließen, daß man sich in der Zeit Tertullians tönender Instrumente bediente, um die wichtigsten Abschnitte des Tages zur Kenntnis des Publikums zu bringen.
Die eine dieser Stellen steht in einem Zusammenhang, der
bereits oben gestreift werden mußte. Die Montanisten, zu

denen Tertullian gehörte, dehnten ihre stationes[1] in seram, die Katholiken (Psychiker) nur in horam nonam aus. Wenn man Tertullian glauben darf, so hätten sich hiebei die Katholiken auf das Beispiel der Apostel berufen und die abweichende Sitte der Montanisten getadelt. Aber mit welchem Grund berufen sie sich auf das apostolische Beispiel? Das ist die Frage, die Tertullian adversus psychicos de jejuniis c. 10 untersuchen will: „Si quia Petrus et qui cum eo ad horam nonam orationis templum introgressi leguntur, quis mihi probabit illos ea die statione functos, ut horam nonam ad clausulam et expunctionem stationis interpretetur? Atqui facilius invenies Petrum hora sexta capiendi cibi causa prius in superiora ad orandum adscendisse (Act. 10, 9), quo magis sexta diei finiri officio huic possit, quae illud absolutura post orationem videbatur. Porro cum in eodem commentario Lucae et tertia hora orationis demonstretur (= als Gebetsstunde erwähnt wird), sub qua spiritu sancto initiati pro ebriis habebantur (Act. 2, 15) et sexta, qua Petrus ascendit in superiora et nona, qua templum sunt introgressi, cur

---

[1] Dieses von Tertullian vielgebrauchte, sonst auch mit semijejunium erklärte Wort definiert Tertullian in seinem Verhältnis zu den verwandten Begriffen jejunatio und xerophagia immer so, daß jejunatio oder jejunium den Verzicht auf jegliche Mahlzeit, xerophagia den Verzicht auf gewisse Speisen, statio den Aufschub der Mahlzeit auf eine bestimmte Zeit bedeutet. De jejun. c. 11: propterea per singulas direximus species jejunationum, xerophagiarum, stationum, ut dum recensemus secundum utriusque testamenti paraturam, quantum proficiant recusati, vel recisi, vel retardati pabuli officia, eos retundamus u. s. w. und ebenso (ib. c. 2): supervacua nec adeo necessaria existimare sublati, vel deminuti vel demorati cibi officia, wobei die Ausdrücke retardati pabuli und demorati cibi officium sich auf die statio beziehen. Die strengeren Montanisten dehnen ihre statio bis Sonnenuntergang aus, und nehmen dann erst ihre Mahlzeit ein, während die Katholiken nur das prandium wegfallen lassen und dann mit der hora nona d. h. zur gewöhnlichen Zeit zur coena schreiten. So wenigstens die Darstellung Tertullians.

non intelligamus, salva plane indifferentia semper et ubique et omni tempore orandum, tamen tres istas horas, ut insigniores in rebus humanis, quae diem distribuunt, quae negotia distinguunt, quae publice resonant, ita et solemniores fuisse in orationibus divinis." Der Gedankengang ist folgender: Wenn man sich auf Acta 3, 1 berufen wollte, wo Petrus um die 9. Stunde zum Beten in den Tempel geht, wie will man beweisen, daß dieser Gebetsakt gerade der Abschluß einer statio und Übergang zum Essen gewesen sei[1]? Eher könnte man sich auf Acta 10, 9 berufen, wo Petrus um 6 Uhr auf den Söller geht, um vor dem Essen zu beten, und daraus eine statio ad sextam beweisen wollen. In Wahrheit sind im Neuen Testament die tertia, sexta und nona vorzugsweise Gebetsstunden (die also mit einer statio überhaupt nichts zu thun haben), wie dieselben Stunden auch in rebus humanis insigniores sunt, diem distribuunt, negotia distinguunt, publice resonant. Ganz ähnlich drückt sich Tertullian de oratione c. 20 (25) aus, wo er von der Gebetszeit handelt: „De tempore vero non erit otiosa extrinsecus observatio etiam horarum quarundam, istarum dico communium, quae diei interspatia signant, tertia, sexta, nona, quas solemniores in scripturis invenire est." Wir haben hier nicht blos den deutlich formulierten Gedanken, daß in menschlichen Dingen die drei genannten Momente die gewöhnlichen, landläufigen Teilungspunkte des Tages sind, sondern noch die weitere interessante Notiz, daß sie publice resonant, daß sie also auf Anordnung irgend welcher weltlichen Obrigkeit in lauter, schallender Weise verkündigt werden. Daß die nächtlichen Vigilien im Lager mit der bucina angeblasen wurden, be-

---

[1] Die Stelle Acta 10, 30, wo Cornelius nach längerem Fasten um die 9. Stunde betet, um dann offenbar zum Essen überzugehen, wird von Tertullian mit einem bedenklichen Stillschweigen übergangen.

darf für meine Leser keines Beweises. Es giebt nun aber
auch merkwürdige, wenngleich vereinzelte Spuren, welche
uns erlauben, auch bei den eben mitgeteilten Stellen des
Tertullian an Signale mit der bucina zu denken, so daß
wir also hier Hornsignale hätten, die nicht dem Lagerleben,
sondern dem bürgerlichen Leben einer städtischen Bevölkerung angehören. In dem Thyestes des Seneka, der
die bekannte Fabel von der widernatürlich-entsetzlichen
Malzeit zum Mittelpunkte hat, ist die Handlung eben bis
zu dem Augenblicke fortgeschritten, wo Helios entsetzt über
den Gräuel in seinem Laufe umwendet, um im Osten unter
den Horizont hinab zu tauchen. Die plötzlich hereinbrechende
Nacht veranlaßt den Chor zu folgendem Ausruf (794 ff.):

> Nondum serae nuntius horae
> nocturna vocat lumina Vesper,
> nondum hesperiae flexura rotae
> jubet emeritos solvere currus:
> nondum in noctem vergente die
> tertia misit bucina signum,
> stupet ad subitae tempora cenae
> nondum fessis bubus arator.

Hienach bezeichnet die tertia bucina den Zeitpunkt, wo „dies
in noctem vergit". Das kann aber nach dem gewöhnlichen
Sprachgebrauch nicht von dem eigentlichen Anbruch der
Nacht verstanden werden. Vielmehr bezeichnen die Ausdrücke ἀποκλινομένης τῆς ἡμέρης (Herodot IV, 181), καταφερο-
μένου τοῦ ἡλίου (Aristoteles, hist. anim. V, 19), τοῦ ἡλίου κάτω
ῥέποντος (Pollux I, 69) überall mehr oder minder deutlich
die δείλη, oder den späteren Nachmittag und in der oben
mitgeteilten Stelle des Fulgentius wird derselbe Zeitpunkt
mit der hora nona ausdrücklich identificiert: Philogeus
Graece terram amans dicitur, quod hora nona proclivior
vergens, occasibus pronus incumbat. Wenn wir aus diesen
Parallelstellen die Berechtigung schöpfen, den Ausdruck

„die in noctem vergente" auf den Beginn des letzten Tagviertels zu beziehen, so bewegt sich der Gedankengang des Chors in einer Steigerung. Zuerst: es ist — nach dem regelmäßigen Gang der Dinge — noch nicht Nacht, dann: es ist noch nicht einmal Mittenachmittag. In der That heißt es wenige Verse vorher, daß Helios eben die Mitte des Himmels erstiegen habe. Wenn wir sonach unsere Stelle mit dem bisher gefundenen, namentlich mit dem Zeugnis des Tertullian combinieren, so ergiebt sich mit der größten Wahrscheinlichkeit: hora tertia = prima bucina; hora sexta = secunda bucina; hora nona = tertia bucina. Die Handlung des Dramas versetzt uns freilich in Länder und Zeiten, die mit dem römischen Forum nichts zu thun haben. Allein eine weitere und letzte Stelle wird unsere ganze Schlußfolgerung vervollständigen und zugleich den Beweis liefern, daß die tertia bucina nicht zum Lokalton der griechischen Heroenzeit gehört. In der Vorrede zum 3. Buch der controversiae berichtet der ältere Seneka von dem unermüdlichen Redner Albutius: „Cum populo diceret, omnes vires suas advocabat, et ideo non desinebat. Saepe declamante illo ter buccinavit, dum cupit in omni controversia dicere non quidquid debet dici, sed quidquid potest." Nach dem bisherigen kann die Erklärung dieser Stelle nicht zweifelhaft sein. Der unermüdliche Redner redete so lange, daß man häufig während seiner Rede die 1., 2. und 3. bucina hörte, d. h. also über 6 Stunden lang, was für einen antiken Redner eine vorzügliche, aber keineswegs einzig dastehende Leistung war. Erzählt doch auch der jüngere Plinius (ep. IV, 16) von einem Fall, wo er selbst sieben Stunden lang gesprochen hatte. Wenn es somit für Rom, wie für Carthago außer Zweifel ist, daß die drei Haupteinschnitte des viergeteilten Tages auf öffentliche Veranstaltung durch Signale und zwar jedenfalls in Rom durch Hörnersignale zur Kenntnis des Publikums gebracht wur-

V. Vierteilung des Tages. Horae canonicae.

den [1], so werden wir den richtigen Gesichtspunkt gewonnen haben, um die Spuren derselben Einrichtung auf jüdischem und christlichem Boden zu verfolgen.

Die vorhin mitgeteilten Stellen aus Tertullian lassen es erkennen, und auch sonst ist es allgemein bekannt, welche Rolle die drei durch die Vierteilung des Tages entstehenden horae im neuen Testamente spielen. Mit ganz wenigen Ausnahmen (Matth. 20 die 11.; Joh. 1 die 10.; Joh. 4, 52 die 7.) werden im neuen Testamente nur die 3., 6. und 9. Stunde und außerdem πρωΐ und ὀψέ erwähnt, d. h. gerade die Momente, die sich ergeben, wenn man den Zeitraum von Sonnenauf- bis Untergang in vier gleiche Teile teilt. Die Stellen sind bekannt. Es ist in erster Linie der Tag der Passion, an dem diese Vierteilung in die Augen springt: πρωΐ findet der Rat der Hohepriester statt. Die dritte Stunde ist die Zeit der Kreuzigung. Von sechs bis neun dauert die Finsternis. Mit der neunten Stunde haucht Jesus sein Leben aus, und ἤδη ὀψίας γενομένης geschieht die Grablegung. In der Apostelgeschichte erscheint die dritte Stunde (2, 15) bei der Ausgießung des h. Geistes; die sechste Stunde

---

[1] Ein Epigramm des Antiphilus (Anthologia Graeca ed. Fr. Jacobs. Leipzig 1813. 1 S. 501):

Σῆμα δυωδεκάμοιρον ἀφεγγέος ἠελίοιο,
 τρισσάκις ἀγλώσσῳ φθεγγόμενον στόματι,
εὖτ' ἂν θλιβομένοιο ποτὶ στενὸν ὕδατος ἀὴρ
 αὐλὸν ἀποστείλῃ, πνεῦμα διωλύγιον,
θῆκεν Ἀθηναῖος δήμῳ χάριν, ὡς ἂν ἐναργὴς
 εἴη, κἢν φθονεραῖς ἠέλιος νεφέλαις.

gibt wohl in diesem Zusammenhang den befriedigendsten Sinn, indem es, in der richtigen Weise aufgefaßt, die an und für sich naheliegende Vermuthung bestätigt, daß man die drei täglichen Signale zur tertia, sexta, nona hora gelegentlich auch durch eine Wasseruhr anschlagen oder anblasen ließ. Jacobs bemerkt zu τρισσάκις (III S. 380): Cur ter tantum? Num ad diei initium, ad meridiem et vesperam indicandam? Non puto; sed legendum videtur: τοσσάκις etc. i. e. duodecies.

(10, 9) in der Geschichte von Petrus und Cornelius; die neunte ebenda (10, 3 und 10, 30) und (3, 1) bei der Heilung des Lahmen. Dazu kommt schließlich das Gleichnis Matthäus 20, wo der Hausvater die Arbeiter für seinen Weinberg dingt ἅμα πρωΐ, περὶ τρίτην ὥραν, περὶ ἕκτην, περὶ ἐνάτην, und sie ὀψίας γενομένης ausbezahlt. Daß sich hier vor Schluß des Tages noch die ἑνδεκάτη einschiebt, hängt mit der speziellen Tendenz der Parabel zusammen, die es mit sich brachte, daß auch solche Arbeiter erwähnt werden mußten, die nur ganz kurze Zeit gearbeitet hatten, kann aber die prinzipielle Vierteilung des Tages, die hier und in den anderen Stellen deutlich zu Tage tritt, nicht verhüllen. Daß mit dieser Teilung auch die Deutung der Stundenformeln im Sinne der abgelaufenen Stunde gegeben ist, ist ja einleuchtend, wir haben aber gerade bei der Parabel vom Weinbergbesitzer noch spezielle Beweise zur Verfügung. Einmal ist die Rechnung schon deutlich genug, wenn die anderen Arbeiter murren, daß die Zuletztgekommenen nur Eine Stunde gearbeitet und doch den gleichen Lohn bekommen haben (οὗτοι οἱ ἔσχατοι μίαν ὥραν ἐποίησαν); noch deutlicher aber erscheinen die Angaben in folgender Paraphrase des Vettius Juvencus (III, 550 ff.):

> Sedulus ut ruris dominus, cui dulcia fundum
> Pinguibus in campis late vineta coronant;
> Hic ubi progressus primo cum lumine solis,
> Conduxit juvenum fortissima robora pactus
> Unius in lucis certa mercede laborem,
> Et sua tum jussit cultu vineta polire.
> Ipse sed egrediens, ubi tertia venerat hora,
> Invenit ecce alios operique adcrescere jussit,
> Pro meritis operum promittens praemia digna;
> Illi non aliter laeti praecepta sequuntur.
> Ast ubi sexta dehinc lucis transfluxerat hora,
> Haud secus hinc alios juvenes conducere pergit.
> Horaque nona dehinc ubi solis cursibus acta est,
> Tunc alios pariter conductos jussit adire.

Ultima labentis restabat portio lucis:
Egressus cernit juvenes causasque requirit,
Cur pigris manibus torperent otia lenta.
Ajunt, conductoris quod praecepta fuissent
Nulla sibi. Dominus mox hos insistere ruri
Tunc etiam jussit. Sed vespere protinus orto
Praecipit ut cuncti caperent mercedis honorem
Aequalique omnes portarent praemia nummo.
Tunc manus illa virum, prima quae luce laborem
Sustulerat factisque diem toleraverat aequum,
Indignans secum tali cum murmure fatur:
Injustum est, istis similem nos quaerere nummum,
Ultima quos operis sero conjunxerat hora.
Tum dominus ruris sedato pectore fatur:
Inlibata tibi mercedis portio salvae
Redditur et pacti servantur jura fidelis.
Istis de nostro liceat concedere tantum,
Extima quos operis glomeravit portio ruri.
Nam multos homines dignatio sancta vocavit,
E quis perminimam dignum est secernere partem.

Wenn hier das „περὶ ὥραν ἕκτην" des Originals mit „ast ubi sexta dehinc lucis transfluxerat hora" das „περὶ ἐνδεκάτην" mit „ultima labentis restabat portio lucis" wiedergegeben ist, so kann über die Bedeutung, welche die Formeln wenigstens nach der Ansicht des Paraphrasten hatten, kein Zweifel bestehen. Daß auch die Stundenangaben, die sich auf die Passion beziehen, im Altertum allgemein als die Zeitpunkte der abgelaufenen Stunde aufgefaßt werden, soll bei späterer Gelegenheit nachgewiesen werden. Zunächst handelt es sich darum, die Thatsache der Vierteilung auf jüdischem Boden festzuhalten und sie mit den verwandten Erscheinungen auf anderen Gebieten in den richtigen Zusammenhang zu bringen. Man hat diese Einteilung des Tages schon häufig als etwas spezifisch jüdisches auffassen wollen; allein die bisherige Untersuchung hat gezeigt, daß es sich vielmehr um eine Einrichtung handelt, die ursprünglich in Rom selbst heimisch sich nach und nach in die Provinzen verbreitete und daher nicht nur in Jerusalem, sondern ebenso gut auch in Carthago nachgewiesen werden kann, und sich in anderen Provinzen ohne Zweifel gleichfalls nachweisen ließe, wenn ein gütiger Zufall die Belege auch für diese in gleicher Weise erhalten hätte. Dieser römische, nicht spezifisch jüdische Ursprung muß nun auch festgehalten werden, wenn wir die Vierteilung des Tages auf dem Boden des Christentums verfolgen, wo sie mit dem Charakter eines kirchlichen Instituts umkleidet eine ganz besondere Wichtigkeit erhält.

Die Sache ist die, daß diese Vierteilung des Tages in der Form der sogenannten Horae canonicae die kirchliche und damit die bürgerliche Tageseinteilung des ganzen Mittelalters vollständig beherrscht. Bis zum Anfang des 14. Jahrhunderts, wo die Schlaguhren zunächst in Italien aufkamen und sich bald über das übrige Europa verbreiteten, waren Zeitmesser nur im Besitz der Klöster und Kirchen zu finden und die gesamte bürgerliche Gesellschaft regelte ihr tägliches Leben ausschließlich nach den Glockenzeichen, die von Kloster- und Pfarrkirchen aus gegeben wurden, zunächst um die gottesdienstlichen Akte anzukündigen, die unter dem Namen der kanonischen Horen bekannt sind. Die Reihe dieser kirchlichen Horen fällt nun aber in ihrer ursprünglichen Form vollständig mit den Hauptpunkten des viergeteilten Tages zusammen. Denn nebst einem nächtlichen Gebetsakt, der mit Mitternacht bzw. mit dem Hahnenschrei zusammenfiel, beschränkt sich diese ursprüngliche Reihe auf die hora matutina (Mette), die hora tertia, hora sexta, hora nona und die Vesper (Vespera), womit deutlich Anfangspunkt, Endpunkt und die drei Schnittpunkte des vierteiligen Tages bezeichnet sind. Im Laufe der Zeit wurde freilich dieses einfache Grundschema durch Zuthaten und Veränderungen verdunkelt. Im fünften christlichen Jahrhundert wurde zwischen Matutin und Terz eine hora prima, und nach der Vesper die Completa (oder Completorium) eingeschoben. Dann bewirkten praktische Gründe, besonders auch die Fastenordnung, welche an den zahlreichen Fasttagen die einzige Mahlzeit an die hora nona festgeknüpft hatte, im Lauf des Mittelalters mit langsamer aber unwiderstehlicher Gewalt eine allmälige Verschiebung der genannten liturgischen Akte, eine Verschiebung, die namentlich darin bestand, daß Non und Vesper auf eine bedeutend frühere Tageszeit vorrückten, dergestalt daß im Ausgang des Mittelalters die Non ganz allgemein um Mittag, die Vesper etwa zwei Stunden später abgehalten wurde, so daß bei den Schriftstellern des 13., 14. und 15. Jahrhunderts die Non zur Bezeichnung der eigentlichen Mittagszeit, und die Vesper zur Bezeichnung eines um wenige Stunden späteren Zeitpunkts gebraucht wird. Damit war nun freilich eine wesentliche Entstellung der ursprünglichen Einrichtung gegeben. Die ältesten Quellen aber lassen den wahren Sachverhalt deutlich hervortreten. Ich lasse einige der wichtigsten Belegstellen folgen, aus denen zugleich hervorgeht, daß man schon frühe das Bedürfnis fühlte, statt der allzu einfachen Berufung auf die bürgerliche Viertheilung des Tages — die bei Tertullian entschieden noch durchklingt — allerlei mystische Beziehungen, namentlich zu der Passion Christi, zur Erklärung der kirchlichen Sitte heranzuziehen.

Clemens Alex. Strom. VII, 854: εἰ δέ τινες καὶ ὥρας τακτὰς ἀπονέμουσιν εὐχῇ, ὡς τρίτην φέρε καὶ ἕκτην καὶ ἐνάτην, ἀλλ' οὖν γε ὁ γνωστικὸς παρὰ ὅλον εὔχεται τὸν βίον.

Tertullian, de orat. 20 (25): De tempore vero — des Gebets — non erit otiosa extrinsecus observatio etiam horarum quarundam, istarum dico communium, quae diei interspatia signant, tertia, sexta, nona, quas solemniores in scripturis invenire est.

Cyprianus de domin. orat. 34. 35 erwähnt zunächst die drei ebengenannten tertia, sexta, nona und fährt dann fort: Nam et mane orandum est, ut resurrectio domini matutina oratione celebretur .... Recedente item sole ac die cessante necessario rursus orandum est.

Constitut. apost. VIII, 34. εὐχὰς ἐπιτελεῖτε ὄρθρου καὶ τρίτῃ ὥρᾳ καὶ ἕκτῃ, καὶ ἐννάτῃ καὶ ἑσπέρα καὶ ἀλεκτροφωνία. ὄρθρου μὲν εὐχαριστοῦντες, ὅτι ἐφώτισεν ἡμῖν ὁ κύριος, παραγαγὼν τὴν νύκτα καὶ ἐπαγαγὼν τὴν ἡμέραν, τρίτῃ δὲ, ὅτι ἀπόφασιν ἐν αὐτῇ ὑπὸ Πιλάτου ἔλαβεν ὁ κύριος. ἕκτῃ δὲ ὅτι ἐν αὐτῇ ἐσταυρώθη. ἐννάτῃ δὲ, ὅτι πάντα ἐκινήθη τοῦ δεσπότου ἐσταυρωμένου ... ἑσπέρα δὲ εὐχαριστοῦντες ὅτι ἡμῖν ἀνάπαυσιν ἔδωκε τῶν μεθημερινῶν κόπων τὴν νύκτα. ἀλεκτρυόνων δὲ κραυγῇ διὰ τὸ τὴν ὥραν εὐαγγελίζεσθαι τὴν παρουσίαν τῆς ἡμέρας εἰς ἐργασίαν τῶν τοῦ φωτὸς ἔργων.

Hieronymus de custodia virginitatis (IV, 46): Horam tertiam, sextam, nonam, diluculum quoque et vesperam nemo est qui nesciat.

Derselbe ad Laetam, de instit. filiae IV, 595: Assuescat .. ad orationes et psalmos nocte consurgere, mane Hymnos canere, tertia, sexta, nona stare in acie quasi bellatricem Christi, accensaque lucernula reddere sacrificium vespertinum. Sic dies transeat, sic nox inveniat laborantem.

Derselbe ad Demetriadem de servanda virginitate 794: Praeter psalmorum et orationis ordinem, quod tibi hora tertia, sexta, nona, ad vesperum, media nocte et mane semper est exercendum u. s. w. Derselbe, Epitaph. Paulae matris IV, 682 von der Vorsteherin eines Klosters: Mane, hora tertia, sexta, nona, vespere, noctis medio per ordinem psalterium cantabant.

Man sieht, daß sich diese Gebetszeiten durchaus an die natürlichen Schnittpunkte des vierteiligen Tages anschloßen. Auch ein Blick auf die nächtliche Gebetszeit ist lehrreich. Man findet hiefür in jenen ältesten Quellen teils media nox, teils den Hahnenschrei angegeben. Nimmt man die erstere Bestimmung in der allgemeineren Bedeutung, so bedeutete die Vorschrift nichts anderes als die Aufforderung, auch mitten in der Nacht einmal aufzustehen und seiner Gebetspflicht zu genügen. Da man aber den Hahnenschrei meistens in das dritte Viertel der Nacht setzte und im Osten die dritte Nachtwache geradezu als ἀλεκτοροφωνία bezeichnete, so ist es wol möglich, daß diese ältesten Schriftsteller die media nox und den Hahnenschrei als identisch faßten. Man bemerke nun, daß für das gesamte Altertum — wenn man von der Beobachtung der Gestirne und von den Wachsignalen im Lager absieht — der Hahnenschrei das gewöhnlichste Mittel war, um verschiedene Teile der Nacht zu unterscheiden. Bekanntlich hat das Altertum eben deshalb, weil es für die Nacht fast ausschließlich auf dieses Mittel angewiesen war, dem Gegenstand eine viel intensivere Aufmerksamkeit gewidmet und zur weiteren Bezeichnung verschiedener Nachtzeiten auch verschiedene Hahnenschreie, einen 1., 2. 3. unterschieden. Bedenkt man dies Alles, so fällt in die Augen, daß die ältesten Gebetsstunden sich gerade an die Zeitpunkte anschließen, die überhaupt damals für den gewöhnlichen, im Besitz eines Zeitmessers nicht befindlichen Menschen zu unterscheiden waren. Das war Nachts der Hahnenschrei, dann der Morgen und der Abend, drei durch die Natur gegebenen Abschnitte, und außerdem die drei horae insigniores diei, quae publice resonabant, die sich also der Aufmerksamkeit von selbst aufdrängten. Geht man von diesem Gesichtspunkt aus, dann wird man erst den Gedankengang richtig erkennen, mit welchem jene ältesten Schriftsteller fast regelmäßig an diese Gebetsstunden erinnern. Der Mensch soll zwar von Rechtswegen immer in andächtiger Stimmung sein Herz zu Gott erheben — heißt es gewöhnlich in solchen Stellen —, weil man aber im Drang der Geschäfte gar zu leicht seine Pflicht vergißt, soll man sich an bestimmte Zeiten halten und sich durch den Zeitpunkt selbst an die

Erfüllung der religiösen Pflicht erinnern lassen (Tertull. de jejun. c. 10; Hieronym. de custod. virg. Benedikt.-Ausgabe. Paris. IV, 46). Allein wie kann man durch einen Zeitpunkt an die Gebetspflicht erinnert werden, wenn der erstere sich nicht sinnlich wahrnehmbar macht und mit einer gewissen Gewalt der Aufmerksamkeit sich aufdrängt? Jener Gedankengang setzt also in der That voraus, daß die Zeitpunkte, an welche die Gebetspflicht geknüpft wird, in irgend einer Weise dem Publikum leicht wahrnehmbar waren. Derlei Zeitpunkte aber waren für die große Menge bei der Seltenheit der Uhren und bei ihrer spezifischen Beschaffenheit, die ein in größerer Entfernung hörbares Schlagwerk nicht gestatteten, einzig und allein in den drei Signalen des viergeteilten Tages und in den von der Natur selbst hervorgehobenen Zeitabschnitten gegeben. An diesem ältesten und natürlichsten System der horae canonicae mochte nun der nach Symmetrie und nach reicherer liturgischer Entwicklung des Gottesdienstes strebende Sinn einer nachfolgenden Periode das auszusetzen haben, daß dem der Vierteilung des Tages entsprechenden officium diurnum ein einziger — oder wenn man die Matutin, die auf der Grenzscheide zwischen Tag und Nacht stand, zu letzterer rechnete, nur zwei gottesdienstliche Akte im officium nocturnum gegenüber standen, während doch die Vierteilung der Nacht eine dem allgemeinen Bewußtsein eben so geläufige Thatsache war wie die des Tages. Es kam dazu das Bedürfnis, für die größeren Festtage der christlichen Kirche dem Gottesdienst eine besondere Feierlichkeit zu geben, und so entwickelte sich das officium nocturnum in einer doppelten Form, in einer einfacheren für die gewöhnlichen Tage und in einer feierlicheren für Sonn- und Festtage. Die letztere aber zerfiel und zerfällt noch jetzt — im engsten Anschluß an die Vierteilung der Nacht — in drei Nokturnen und die Matutin, vier Teile, die der Reihe nach den vier antiken Nachtwachen entsprachen. Nach der Ansicht der mittelalterlichen Theologen, die nicht verfehlen, diesen Zusammenhang regelmäßig hervor zu heben, sollen in der That ursprünglich diese vier Teile je in den entsprechenden Nachtwachen abgehalten worden sein, und erst später sollen sie zu einem zusammenhängenden gottesdienstlichen Akt vereinigt worden sein, der dann in die Zeit nach Mitternacht fiel. Wie dem auch sein mag, der unmittelbare und genaue Anschluß dieser altchristlichen Gebetszeiten an die bürgerliche Teilung des Tages und der Nacht, wie wir sie zunächst in Rom kennen gelernt haben, springt so sehr in die Augen, daß ein innerer und ursächlicher Zusammenhang zwischen dem einen und dem anderen sich von selbst aufdrängt. Mit anderen Worten: die Horen der christlichen Kirche sind nichts anders als die kirchliche Form einer vorher in Rom entstandenen, und von Rom aus in die Provinzen verbreiteten bürgerlichen Zeiteinteilung; der Hergang bei dieser Verkirchlichung des bürgerlichen Instituts ist so zu denken: Zunächst war es ein natürliches Gefühl, jedem wichtigeren Zeitabschnitt im täglichen Leben durch ein kurzes Gebet eine religiöse Weihe zu geben. So hefteten sich die christlichen Gebete an die horae insigniores an. Als später dann in den Stürmen der Völkerwanderung die weltlichen Ordnungen sich lockerten, als der Arm der weltlichen Obrigkeit erlahmte, und die Macht der Kirche auf allen Gebieten sich um so thatkräftiger geltend machte, da ging mit vielen anderen weltlichen Dingen auch die Sorge für die Regelung des täglichen Lebens auf die Kirche über, die hieran ein um so größeres Interesse hatte, als jene periodischen Gebete mehr und mehr den Charakter eines wohlgegliederten, in bestimmten liturgischen Formen ausgeprägten, aus Psalmgesang, Lektion und Gebet zusammengesetzten gottesdienstlichen Aktes angenommen hatten.

Andererseits ist es mir außer Frage, daß die Kirche, wenn sie durch ihre Glockenzeichen in erster Linie zum Gottesdienst laden oder zu einem stillen Gebet zu Hause auffordern wollte, in zweiter doch den allgemeinen Zweck, ein Mittel zur Zeiteinteilung und zur Regelung des täglichen Lebens darzubieten, daneben nicht aus den Augen verlor. Die Zeit, in welcher diese Verkirchlichung einer ursprünglich bürgerlichen Einrichtung erfolgte, läßt sich wohl nicht genau bestimmen. Es liegt auch dem Zweck dieser Zeilen ferne, näher auf diese Frage einzugehen. Ein gewisser Fingerzeig liegt in der Notiz, die sich in mittelalterlichen Schriften findet, wonach der Papst Sabinianus (604—5) die Anordnung traf „ut horae diei per ecclesias pulsarentur" (Durandus, rationale div. off. 1, 4.).

Wenn ich im Vorstehenden die horae canonicae der christlichen Kirche auf eine ursprünglich römische Zeiteinteilung zurückführe, so bin ich mir bewußt, hiebei in einen entschiedenen Gegensatz zu treten zu der jetzt herrschenden Meinung, welche die kanonischen Horen von den altjüdischen Gebetszeiten abzuleiten gewohnt ist. Das erfordert noch einige Worte der Rechtfertigung. Allerdings hatten die Juden ihre bestimmten täglichen Gebete und Gebetszeiten. Aus vorchristlicher Zeit erfahren wir, daß Daniel im Exil dreimal des Tags niederzuknieen und zu beten gewohnt war (Dan. 6, 10) und daß die Juden nach ihrer Rückkehr unter Nehemia bei Gelegenheit eines öffentlichen Bußgottesdienstes viermal des Tags im Gesetzbuch lasen und viermal den Herrn ihren Gott anbeteten (Neh. 9, 3). Eine feste Ordnung dieser cyklischen Gebete tritt uns aber erst im Talmud entgegen. Diese feste Ordnung enthält jedoch ganz andere Tageszeiten als die, denen wir in den einstimmigen Zeugnissen der christlichen Schriftsteller begegnen. Es sind drei Gebete, die dem Juden zur Vorschrift gemacht sind, das Morgengebet schecharith, das Nachmittagsgebet minchah, und das Abendgebet maariph. Nach dem Traktat Berachoth ist das erstere abzuhalten in dem Zeitraum von Morgens bis zum Mittag (6 Uhr) oder nach andern bis 4 Uhr. Die richtige Zeit für das Minchahgebet ist dann der weitere Zeitraum von Mittag bis Abends, nach andern nur bis zur Hälfte der Minchahzeit, d. h. nach den Auslegern bis 11 Uhr weniger ein Viertel. Das dritte Gebet aber hat gar keine bestimmte Zeit, sondern kann die ganze Nacht hindurch gebetet werden (Traktat Berachoth IV.). Man sieht, daß diese Gebetszeiten mit den christlichen sich in keiner Weise berühren. Wenn es daher einerseits überaus wahrscheinlich ist, daß die cyklischen Gebete der Christen ihr Vorbild an den jüdischen gehabt haben, daß namentlich die liturgische Gestaltung der ausgebildeten horae canonicae sehr wesentlich durch die jüdische Synagoge beeinflußt worden ist, so besteht andererseits zwischen den jüdischen und christlichen Gebetszeiten kein Zusammenhang. In dieser Beziehung ist einzig und allein die bürgerliche Tageseinteilung der römischen Kaiserzeit mit ihren teils natürlich, teils künstlich hervorgehobenen Abschnitten maßgebend gewesen.

Wenn wir nun noch einmal kurz auf unseren eigentlichen Gegenstand zurückkommen sollen, so wird unsere bisherige Auseinandersetzung keinen Zweifel lassen, in welchem Sinne die horae tertia, sexta und nona der christlichen Kirche ursprünglich aufgefaßt wurden. In viel späterer Zeit, als die ursprüngliche Ordnung durch den Einfluß der Zeit und der Umstände vielfach verdunkelt und entstellt war, konnte man daran zweifeln. So wirft der bekannte katholische Theologe Bellarmin (III contr. gen. III princ. liber I. c. 11) die Frage auf: Sed existit dubitatio quaedam circa has tres canonicas horas, Tertiam, Sextam et Nonam, sitne tempus legitimum persolvendi officii harum Horarum, posteaquam ipsae horae finitae sunt, an potius posteaquam labi coeperunt et adhuc labuntur. Wenn er sich nun gerade für die zweite d. h. für die falsche Auffassung entscheidet, so kann dieses Urteil eines Mannes, zu dessen Zeit die chronologische Bedeutung der Horen längst aufgehört hatte, für uns nicht in Betracht kommen gegenüber den durchschlagenden Beweisen, die wir für das Gegenteil beigebracht haben. Die antiken Schriftsteller geben hie und da auch speziell für die kirchlichen Horen den gewünschten Aufschluß. So sagt Johannes Chrysostomus (I epist. ad Timoth. hom. 14 c. 7.) von den Mönchen: εἶτα τρίτην, ἕκτην, ἐνάτην καὶ τὰς ἑσπερινὰς εὐχὰς ἐπιτελοῦσι καὶ εἰς τέσσαρα μέρη τὴν ἡμέραν δανείσαντες καθ' ἕκαστον μέρος πληρούμενον ψαλμῳδίαις, ὕμνοις γεραίρουσι τὸν θεόν. Ähnlich sagt — wenn auch mit einer Lücke im Text —, doch mit deutlicher Beziehung auf die kanonischen Horen ein auctor anonymus (Anecdota Paris. von Cramer Oxonii 1839. I, 380), nachdem er zuvor von den verschiedenen Anfängen des bürgerlichen Tages bei Babyloniern, Ägyptern, Umbrern, Römern gehandelt hat: ὁ δὲ (Lücke) τὴν ἡμέραν πάλιν τέμνει τετραχῶς, εἰς τρίτην ὥραν, ἕκτην, ἐνάτην καὶ δωδεκάτην, θεσπίζων χρῆναι κατ' αὐτὰς ἐν τοῖς ἱεροῖς συνάγεσθαι τοὺς εὐχομένους. Auch die oben mitgeteilte Berechnung Bedas darf hieher gezogen werden, wornach er den Abschnitt mane von Sonnenaufgang bis zur hora post quartam, den Abschnitt meridies bis zur hora ante nonam, und den letzten Abschnitt suprema von der hora ante nonam bis Sonnenuntergang dauern läßt. Diese Berechnungsweise, die sich nur aus der damals fast allein noch üblichen Tageseinteilung nach den kanonischen Horen erklärt, ergiebt rechnungsgemäß für die hora quarta und octava den Zeitpunkt der abgelaufenen Stunde, muß also dieselbe Bedeutung auch für die Terz und Non voraussetzen. Schließlich bemerken wir auch noch bei Hugo de Sancto Victore (Rouen 1648. III, 372 ff.) die richtige Anschauung von den Horen, wenn er die bei jeder Hore vorkommende dreifache

Wiederholung eines Psalmverses allegorisch auf die drei nächstfolgenden Stunden bezieht und ihr die Deutung giebt, daß der Psalm bei der Terz dreimal wiederholt uns für die 4., 5. und 6. Tagesstunde dem Dienst Gottes widmen und ebenso dreimal wiederholt bei der Sext für die siebte, achte und neunte, bei der Non für die zehnte, eilfte und zwölfte Stunde des Tages uns dem Schutz des Herrn empfehlen soll (Hora tertia . . . nos famulatui per tres sequentes horas praesentamus, per quartam et quintam et sextam. In sexta . . nos divinae tuitioni per tres sequentes horas commendamus, scilicet per septimam horam, octavam et nonam u. s. w.).

Es lag nahe, die Vierteilung des Tages, die im bürgerlichen und im religiösen Leben eine so große Rolle spielte, auch auf das physikalische Gebiet überzutragen. Dazu kam, daß in der antiken Naturwissenschaft die Vierzahl ohnehin eine große Rolle spielte. Man hatte vier Elemente, die vier Grundeigenschaften aller Körper: warm und kalt, naß und trocken. Die Medizin entwickelte ihre Lehre von den vier Säften des tierischen und menschlichen Körpers: Blut, Schleim, schwarze und gelbe Galle und die damit zusammenhängende Theorie von den vier Temperamenten. Dazu kam die Einteilung des menschlichen Lebens in vier Zeitalter, die des Jahres in vier Jahreszeiten, die des Monats in vier Hauptphasen, und noch manche andere Vierteilungen, in denen sich der schematisierende Geist des Altertums gefiel. So ergaben sich mancherlei Combinationen der vier Tagesabschnitte mit den genannten Vierteilungen, die hier der Vollständigkeit wegen wenigstens angedeutet werden sollen. Schon Theophrast zerlegt den Tag, wie das Jahr und den Monat in 4 meteorologisch bedeutsame Abschnitte (περὶ σημείων c. 1): ὡς δ' αὔτως καὶ ἐπὶ τῆς ἡμέρας ἔχουσιν αἱ μεταβολαὶ — des Wetters —, ἀνατολὴ γὰρ καὶ πρωῒ καὶ μεσημβρία καὶ δείλη καὶ δύσις καὶ τὰ τῆς νυκτὸς μέρη τὰ ἀνάλογα ταὐτὸ ποιεῖ τοῖς εἰρημένοις περὶ πνευμάτων καὶ χειμῶνος καὶ εὐδίας. Zu einem wahren locus communis wird aber in der späteren Periode der antiken Naturwissenschaft die Beziehung der vier Grundeigenschaften, warm und kalt, naß und trocken, auf die 4 Teile des Tages, wie auf die des Jahres und Monats. Der Frühling ist warm und naß, der Sommer warm und trocken, der Herbst kalt und trocken, der Winter kalt und naß. Und da muß sich nun dieselbe Erscheinung auch bei den vier Teilen des lunaren Monats und Tages wiederholen. Ἀλλὰ καὶ ἡμέρα ἑκάστη, ἐναλλαγὰς φέρει περὶ τὸν ἀέρα τοσαύτας τε καὶ τοιαύτας. ὁ μὲν γὰρ ὄρθρος, ἤτοι ἡ πρωία θερμή καὶ ὑγρὰ ὡς τὸ ἔαρ, διὰ τοῦτο καὶ τὰ σώματα τῶν νοσούντων τηνικαῦτα ἀνίεται, καὶ τοῖς πυρέττουσι δὲ οὗτος ἀνεκτότερος ὁ καιρός. ἡ μεσημβρία δὲ θερμὴ καὶ ξηρὰ ὡς τὸ θέρος· ἡ δὲ δείλη ψυχρὰ καὶ ξηρὰ ὡς τὸ φθινόπωρον. καὶ ἡ ἑσπέρα ψυχρὰ καὶ ὑγρὰ ὡς ὁ χειμών. καὶ ἡ νὺξ δὲ ὁμοίως τοσαυτάκις μετατρέπει τὸν ἀέρα, οὐκ ἀπὸ τοῦ θερμοῦ ἀρχομένη, ἐπεὶ φύσει ἐστὶ ψυχρά, ἀλλ' ὕστερον εἰς τὸ θερμὸν καταλήγουσα ἐν τῷ ἐγγίζειν τῇ ἡμέρᾳ. τὰ μὲν γὰρ πρῶτα τῆς νυκτὸς ψυχρὰ καὶ ξηρὰ κατὰ τὸ μετόπωρον· τὰ δὲ μέσα ψυχρὰ καὶ ὑγρὰ κατὰ τὸν χειμῶνα. τὰ τρίτα θερμὰ καὶ ὑγρὰ κατὰ τὸ ἔαρ. τὰ δὲ τελευταῖα καὶ ἐγγίζοντα τῇ ἡμέρᾳ θερμὰ καὶ ξηρὰ κατὰ τὸ θέρος (Cramer anecdot. Paris. 1 379). Diese Theorie zieht sich durchs ganze Mittelalter hindurch und findet sich noch ausführlich dargestellt in Dante's Convito (trattato IV c. 23). Andererseits darf es nicht Wunder nehmen, wenn andere es vorzogen, statt Tag und Nacht in je 4 Teile zu zerlegen, lieber das ganze Nychthemeron in ebensoviele Teile zu teilen, um dann die letzteren mit den 4 Eigenschaften, den Elementen, den Säften des menschlichen Körpers in Zusammenhang zu bringen. Auf dieser Grundlage sind folgende Blüten scholastischer Poesie entstanden, durch deren Vergleichung der Leser noch einmal Gelegenheit bekommt, die Bedeutung der Stundenformeln zu kontrolieren:

V. Vierteilung des Tages. Horae canonicae.

1) Tres lucis primas, noctis tres sanguinis imas,
   Vis cholerae medius lucis sex vindicat horas;
   Desque molae primas noctis tres lucis et imas
   Centrales ponas sex noctis phlegmatis horas.
2) A nona noctis donec sit tertia lucis,
   Est dominus sanguis, sex inde sequentibus horis
   Est dominus cholera, dum lucis nona sit hora.
   Post niger humid' inest, donec sit tertia noctis,
   Post haec phlegma venit, donec sit nona quietis[1].

[1] Diese mittelalterlichen Stilblüten sind von mir aus Hollinshed's Chronicle I, 118b (London 1577) entlehnt.

VI. Uhren und Stundentafeln.

Was die bisherige Untersuchung zunächst mit Rücksicht auf den zwei- und viergeteilten Tag nachgewiesen hat, das wird sich bewähren, wenn wir nun — dem Gang der natürlichen Entwicklung uns anschließend — die vollständige zwölffache Stundenreihe in's Auge fassen, und verschiedene Stellen vorführen, die von den antiken Zeitmessern handeln. Die Uhren sowohl, wie die von denselben bedingte Zwölfteilung des Tages lassen sich im praktischen Gebrauch des klassischen Altertums nicht vor der alexandrinischen Periode nachweisen, wenn auch Herodot an einer bekannten Stelle (II, 109) von den δυώδεκα μέρεα τῆς ἡμέρης spricht und in Verbindung damit zwei Instrumente unter dem Namen πόλος und γνώμων erwähnt, welche die Griechen von den Babyloniern gelernt haben sollen. Sicher ist, daß in der attischen Litteratur bis auf Alexander keine Spur nachgewiesen werden kann, welche auf eine Einführung der Stundenrechnung in's praktische Leben der damaligen Zeit schließen ließe. Die älteste Rechnung nach Stunden finde ich in einem Fragment aus des Massiliensers Pytheas Schrift über den Ozean (erhalten und mitgeteilt in Geminus Isagoge c. 5). Dann sind die astronomischen Beobachtungen, die Timocharis in Alexandria c. 280 anstellte, in Stunden angegeben (Ptolemäus Almagest. Ausgabe von Halma II, S. 21. 23. 24. 26). Nach Plinius h. n. II, 73. hätte Onesikritus, der Begleiter Alexanders des Großen, für gewisse

Gegenden Indiens angemerkt, daß man dort die Stundenrechnung nicht kenne (Onesicritus, dux ejus, scripsit quibus in locis Indiae umbrae non sint, septentrionem non conspici, et ea loca appellari ascia, nec horas dinumerari ibi). Zur selben Zeit müßten aber auch in Griechenland selbst — wenn wir einer Anekdote aus Diogenes Laertius Glauben schenken wollen — die Uhren und damit auch die Stundenrechnung noch etwas neues gewesen sein. Denn nach dieser Erzählung (Diog. Laert. VI, 9, 104) hätte der Cyniker Diogenes beim Anblick einer Uhr, die man ihm offenbar als etwas Neues und Merkwürdiges zeigte, mit kühler Gleichgültigkeit zur Antwort gegeben „χρήσιμον τὸ ἔργον πρὸς τὸ μὴ ὑστερῆσαι δείπνου". Nach Rom kam die erste Sonnenuhr aus Catina im Jahre 263, die erste Wasseruhr mehr als ein Jahrhundert später, im Jahre 159 v. Chr. (Plin. h. n. VII, 60). Es sind hiemit bereits die beiden Hauptarten der antiken Uhren angegeben. Beide, sowohl Sonnen- als Wasseruhren mußten so eingerichtet sein, daß sie den Zeitraum zwischen Sonnenauf- und Untergang in zwölf unter sich gleiche Teile zu zerlegen gestatteten. Bei der einen Gattung benützte man zu dieser Teilung den Weg, den ein Schattenpunkt im Lauf des Tages auf einer geraden oder gekrümmten Fläche zurücklegte, bei der andern das Wasserquantum, das bei möglichst constantem Druck im selben Zeitraum von einem Gefäß in ein zweites abfloß. Außer diesen beiden Gattungen von Uhren bediente man sich aber noch eines andern, einfacheren Mittels, um sich über die Tagesstunden wenigstens im Groben zu unterrichten. Ehe die Uhren Verbreitung gefunden hatten, hatte man in Griechenland, wie die alte und neue Komödie beweist, sich dadurch geholfen, daß man mit seiner Sohle den eigenen Schatten abschritt und die gefundene Länge als Zeitmesser benützte. So bestellte man sich auf einen 6-, 8-, 10-, 12 füßigen Schatten, und da das Verhältnis zwischen Fußsohle und

Körperlänge im Allgemeinen bei Groß und Klein dasselbe ist, so hatte man hierin ein Mittel, das bei mäßigen Ansprüchen seinem Zweck annähernd entsprach, jedenfalls besser entsprach, als die bloße Beobachtung des Sonnenstands, die wir in Rom gefunden haben. Für die große Masse, namentlich der ländlichen Bevölkerung, mußte dieses Mittel auch noch später ausreichen, als die Uhren längst erfunden und in den großen Städten und den Häusern der Reichen eingeführt waren. Nur wurde das Schattenmaß jetzt zu der populär gewordenen Stundenteilung in Beziehung gesetzt und ein Schema entworfen, das in runden, leicht behältlichen Zahlen die Schattenlängen für die einzelnen Stunden des Tages, und zwar je nach den verschiedenen Monaten des Jahrs verschiedene angab. Wollte man leicht behältliche, runde Zahlen haben, so durfte man es freilich mit der Isochronie dieser Zeitabschnitte nicht eben genau nehmen. Allein für die Bevölkerungsteile, die sich dieses Mittels bedienten, kam es weniger auf die Gleichheit der Zeitabschnitte unter sich an als vielmehr darauf, daß jeder unter einer gegebenen hora den gleichen Zeitpunkt verstand wie der andere, und das wurde auf die angegebene Weise ebensogut erreicht, wie es die Athener mit ihrem Schattenmaß vor Einführung der Stunden erreicht hatten.

Derartige Tabellen von Schattenlängen zum Zweck der Einteilung des Tags in 12 Zeitabschnitte sind uns aus dem Altertum mehrere erhalten und sie sind alle samt und sonders so eingerichtet, daß sie uns durchaus nötigen, die Stundenformeln im Sinne des Zeitpunkts der abgelaufenen Stunde aufzufassen. Die bekannteste Stundentafel dieser Art ist diejenige, welche Palladius in seiner Schrift de re rustica als Anhang für jeden einzelnen Monat mitteilt. So heißt das Schlußkapitel für den Monat Januar:

De horis

hora I et XI	pedes XXIX
hora II et X	pedes XIX
hora III et IX	pedes XV
hora IV et VIII	pedes XII
hora V et VII	pedes X
hora VI	pedes IX

d. h. im Monat Januar bezeichnet eine Schattenlänge von 29 Fuß — mit der eigenen Sohle am eigenen Schatten abgemessen — 1 oder 11 Uhr, eine Schattenlänge von 19 Fuß ergibt 2 oder 10 Uhr, eine solche von 15 Fuß 3 oder 9 Uhr, eine 12füßige Schattenlänge bezeichnet 4 oder 8 Uhr, eine 10füßige 5 oder 7 Uhr, eine 9füßige 6 Uhr. Mit dieser Anordnung, die sich in derselben Weise durch alle Monate hindurchzieht, ist alles gegeben. Denn es ist einleuchtend, daß die Anordnung anders sein müßte, wenn unter hora die laufende Stunde gemeint wäre, und wieder anders, sollte damit der Anfang der einzelnen Stunde ausgedrückt sein. Im ersteren Fall müßte man folgende Paarung der Stunden finden: hora I et XII; hora II et XI; hora III et X; hora IV et IX; hora V et VIII; hora VI et VII; da von den laufenden Stunden die in dieser Weise zusammengestellten sich in Bezug auf Sonnenhöhe und ebendamit auf Schattenlänge gleich verhalten. Sollte aber der Anfangspunkt der Stunden gemeint sein, so würden gleiche Schattenlängen sich wiederholen bei hora II et XII; hora III et XI; hora IV et X; hora V et IX; hora VI et VIII; und die hora VII müßte als der eigentliche Mittagspunkt ungepaart erscheinen und den kürzesten Schatten haben.

Ich habe in einer Abhandlung über die Zeitmesser der antiken Völker alle derartigen Stundentafeln, die sich aus dem Altertum erhalten haben, gesammelt und besprochen. Es sind im Ganzen fünf. Zu der literarisch überlieferten des Palladius kommt eine weitere, die auf einer Inschrift in Tehfa (dem antiken Taphis) in Nubien gefunden und zuerst von Letronne publiciert wurde. Eine dritte findet sich unter den chronologischen Werken Bedas I, 464, II, 130 (Basel 1563); eine vierte versificierte, aus 88 Hexametern bestehend, wurde früher gleichfalls dem Beda zugeschrieben, scheint aber vielmehr den Diakonus Wandalbertus von Kloster Prüm, einen Zeitgenossen der Karolinger, zum Verfasser zu haben (neuerdings abgedruckt in Suetonii reliquiae von Reifferscheid S. 300 und in meiner eben erwähnten Abhandlung[1] S. 74 ff.). Und ein fünftes derartiges Dokument habe ich in den Anecdota Graeca Parisiensia von Cramer I S. 381 nachgewiesen. So sehr nun alle diese Stundentafeln in Bezug auf die angegebenen Schattenlängen differieren, was nicht auffallen kann oder vielmehr selbstverständlich ist, wenn die Tafeln für verschiedene Breiten entworfen waren: in dem von uns hervorgehobenen Punkte, in der Paarung der Vormittags- und Nachmittagsstunden, stimmen sie vollständig überein. Die hora VI steht immer einzeln, weil sie den höchsten Sonnenstand des ganzen Tages repräsentiert, und von den übrigen entsprechen sich 5 und 7; 4 und 8; 3 und 9; 2 und 10; 1 und 11. So sagt der Anonymus bei Cramer: ἐπὶ πάντων δὲ ὁμοίως τῶν καιρῶν καὶ τῶν μηνῶν ὑπερέχει ἡ μὲν πρώτη ὥρα τῆς δευτέρας πόδας δέκα, ἡ δὲ δευτέρα τῆς τρίτης πόδας τέσσαρας. ἡ τρίτη τῆς τετάρτης πόδας τρεῖς. ἡ τετάρτη τῆς πέμπτης πόδας δύο καὶ ἡ πέμπτη τῆς ἕκτης πόδα ἕνα. αἱ δὲ ἐφεξῆς ἀνάπαλιν ἕως τῆς ἑνδεκάτης καὶ αὐτῆς· d. h.: bei den Nachmittagsstunden geht es wieder in derselben Reihenfolge aufwärts, so daß die 7. der 5. u. s. w. entspricht. Wandalbertus aber schwingt sich in Bezug auf die Paarung der Stunden zu folgenden Versen auf (10—17):

> Quas horas sibi conjungant, in fronte videto
> lector et in cunctis aequo observare memento.

---

[1] Die Zeitmesser der antiken Völker, von Prof. Dr. Bilfinger. Stuttgart 1886.

VI. Uhren und Stundentafeln.

mense omni prima undecimae conjungitur horae.
hinc umbris decimam nectit cursuque secunda.
tertia mox nonam punctis complectitur isdem.
octavae pariter praecedens quarta cohaeret.
quintam subsequitur numero post septima justo.
sola suas tantum mensuras sexta retentat.

Das gleiche Resultat ergibt sich aus dem, was wir über die eigentlichen Uhren erfahren. In einer stark corrumpirten Stelle seiner Schrift περὶ ψυχῆς ἁμαρτημάτων (Kühn V S. 80 ff.) beschreibt Galenus eine Uhr, die den Grundgedanken der antiken Wasseruhr wohl am einfachsten zum Ausdruck bringt. Man nimmt ein rundes, durchsichtiges, also etwa gläsernes Gefäß und bringt es mit einem Wasserbehälter in der Weise in Verbindung, daß es sich unter constantem Drucke langsam füllt. Wären moderne Stunden zu messen, so dürfte nur die Wassersäule, die in 12 Stunden ansteigt, in 12 Teile geteilt und die Teilstriche am Glas sichtbar gemacht werden und die Uhr wäre fertig. Die antike Uhr aber mußte der Veränderlichkeit der Stunden Rechnung tragen und mußte das Mittel gewähren, im Sommer lange, im Winter kurze und an den Äquinoktien mittlere Stunden zu messen. Zu diesem Zweck mußte die Wassersäule zunächst für die 4 Jahrpunkte gemessen werden. Man bezeichnete also auf der einen Seite des Gefäßes die Höhe bis zu der das Wasser im Laufe des längsten Tages anstieg; gegenüber in einem Abstand von 180° die Höhe, des Wassers am kürzesten Tag, in den beiden Mitten unter 90° und 270° Abstand die Höhe der Wassersäule für die beiden Äquinoktialtage. Wenn man nun die gewonnenen 4 Punkte unter einander verband, so entstand dadurch eine schief um das Gefäß herumgelegte Kurve, welche alle die Punkte enthielt, bis zu denen an den verschiedenen Tagen des Jahres die Wassersäule zwischen Sonnenauf- und -untergang emporstieg. Die Zwölfteilung ergab sich von da an leicht. Man durfte nur von den anfänglich bestimmten 4

Punkten Lote bis zum Boden des Gefäßes fällen, diese 4 Vertikallinien in je 12 unter sich gleiche Teile teilen, und die sich entsprechenden Schnittpunkte wieder quer um das Gefäß herum durch Kurven unter einander verbinden. So ergaben sich die 12 Stundenkurven, die einem gegebenen Tag an irgend einem Punkte ihres Verlaufs entsprechen mußten. Welches gerade der richtige Punkt war, das wäre durch bloße Schätzung nicht so leicht zu bestimmen gewesen, zumal da die Tage bekanntlich nicht mit constanter Geschwindigkeit zu- und abnehmen. Man brachte also am obern Rande des Gefäßes, wo die 4 Jahrpunkte je in einem Abstand von $90°$ bereits fixirt waren, in den Zwischenräumen eine ausführliche Scala an, die horizontal um das Gefäß herumgelegt für jeden einzelnen Tag einen kleineren vertikalen Strich enthielt, der mit den Augen abwärts verfolgt die 12 horizontalen (bezw. annähernd horizontalen) Stundenkurven durchschnitt, und so die Linie andeutete, an welcher für diesen Tag die Stunden abgelesen werden mußten. Noch bequemer war es, wenn man dazu ein kleines Lot benutzte, das am Rand des Gefäßes verschiebbar von Tagstrich zu Tagstrich wanderte und so die jeweilige Tageslinie bezeichnete. Nach dieser vorausgeschickten Erklärung wird es keine Schwierigkeit haben, den Wortlaut Galens selbst zu verstehen: „So hat man auf analytischem Wege eine Wasseruhr entworfen, deren Richtigkeit zu prüfen auch ein Laie ohne weiteres im Stande ist. Die oberste Kurve, welche die zwölfte Stunde bezeichnet (ἡ τὴν δωδεκάτην ὥραν σημαίνουσα) ist auf der Seite des Gefäßes, welche für den längsten Tag bestimmt ist, am höchsten, am niedrigsten da, wo der kürzeste Tag angezeigt werden soll; sie hält die Mitte da, wo sie gleich weit von den angegebenen Punkten entfernt die beiden Äquinoktialtage anzudeuten hat. Die Striche aber, die in den Zwischenräumen zwischen diesen vier Hauptpunkten am Rand des Gefäßes angebracht sind, dienen zur Bezeichnung aller derjenigen Tage, die zwischen den angegebenen 4 Jahrpunkten in der Mitte liegen. Wenn man also von diesen Teilstrichen ausgeht, so bezeichnet der nächste Strich nach der Sommerwende (wenn man ihn abwärts mit den Augen oder mit Hilfe eines verschiebbaren Lotes verfolgt), bis zu welchem Punkt der obersten Kurve das Wasser am Ende der 12. Stunde (τῆς δωδεκάτης ὡρας συμπληρουμένης) in der Klepsydra steigt am folgenden Tage. Ebenso bezeichnet der 3. Vertikalstrich den 3. Tag nach der Sommerwende, der 4. Strich den 4. Tag, und wenn man auf diese Weise fortfährt, so wird man finden, wie die genannte oberste Kurve in ihrem Verlauf die Länge aller einzelnen Tage des Jahres darstellt. Wie dies bei der obersten Kurve der Fall war, werden dann alle weitern Kurven die folgenden Stunden angeben. Die unmittelbar unter der 12. befindliche wird an den verschiedenen Punkten ihres Verlaufs für alle einzelnen Tage des Jahres die 11. Stunde angeben, die weiterhin folgende wird an den verschiedenen Punkten ihres Verlaufs die 10. Stunde bezeichnen, die nächsten sodann die 9., 8. Stunde und so fort bis zu der untersten Kurve, welche die erste Stunde angibt, gerade so, wie man alle diese Stunden auch auf einer Sonnenuhr abliest."

Wenn die Stundenformeln die laufende Stunde ausdrücken würden, so würden den einzelnen horae überhaupt nicht die Kurven, sondern die Zwischenräume zwischen den Kurven entsprechen. Wäre unter den Stundenformeln der Anfang der betreffenden Stunde gemeint, so würde hora I mit dem Boden des Gefäßes zusammenfallen, und hora XII nicht mit der obersten Kurve, welche Tagesende = Sonnenuntergang bedeutet, sondern mit der nächst vorhergehenden. Es zeigt also schon die ganze Konstruktion des Gefäßes, wie sie in der gegebenen Schilderung vorliegt, daß die Stundenformeln die abgelaufene Stunde bezeichnen, und zum Überfluß kommt die ausdrückliche Angabe hinzu, daß die 12. Kurve der abgelaufenen 12. Stunde gelte, eine Angabe die auch den Sinn der übrigen Formeln erklärt. Dasselbe finden wir, wenn wir eine weitere derselben Schrift und demselben Zusammenhang entnommene Stelle desselben Schriftstellers ins Auge fassen. Es handelt sich in derselben allerdings nicht um eine Wasseruhr im eigentlichen Sinne des Worts, sondern um ein Mittel, die Richtigkeit einer Sonnenuhr durch das Wassermaß zu kontrolliren. Galen giht als solche Mittel, sich von der Richtigkeit oder Unrichtigkeit einer Sonnenuhr zu überzeugen, dreierlei an (a. a. O. cap. 5): 1) Wenn der erste Strahl der Sonne auf die πρώτη γραμμή der Sonnenuhr fällt (daß die πρώτη γραμμή hier der Rand der Sonnenuhr, nicht die erste Stundenlinie ist, wird aus dem folgenden klar). 2) Wenn alle Sonnenuhren unter einander übereinstimmen. 3) ὅταν ὕδατος ὁμαλὴ ῥύσις αὐτοῖς μαρτυρῇ. Im folgenden beschreibt er nun das Verfahren, das eingeschlagen werden soll, um die letztere Probe zu machen. Man nimmt zum Wassermaß ein durchbohrtes Gefäß, setzt es mit dem ersten Strahl der Sonne aufs Wasser, und wenn dann nach einiger Zeit die Sonnenuhr die erste Stunde zeigt, so bezeichnet man an dem Gefäß die Höhe, welche im Lauf der verflossenen Zeit das aufsteigende Wasser erreicht hat. Man schüttet dann das Wasser schnell aus, setzt das Gefäß wieder an, bis die Sonnenuhr 2 Uhr zeigt und vergleicht nun wieder. Die richtige Konstruktion der Sonnenuhr wird sich nun daran zeigen, daß das Wasser je um 2, 3, 4 Uhr u. s. w. dieselbe Höhe in dem Gefäß erreicht hat wie um 1 Uhr, denn das ist ein Zeichen, daß das Problem, den Zeitraum von Sonnenauf- bis -untergang in 12 gleiche Teile zu teilen, richtig gelöst ist. Ich gebe die Stelle nach dem Text von Johannes Marquardt, Galeni Scripta minora (Teubner 1884). S. 64.

VI. Uhren und Stundentafeln.

„Ἀγγεῖον τρήσας, ἐξ ἧς ἂν ὕλης ἐθέλῃς γεγονός, ἐπίθες ὕδατι καθαρῷ τὴν πρώτην ἀκτῖνα τοῦ ἡλίου θεασάμενος· εἶθ' ὅταν σοι τὸ καταγεγραμμένον ὡρολόγιον (d. h. die Sonnenuhr) ἀγγείλῃ, τὴν πρώτην ὥραν ἠνύσθαι, σημηνάμενος ὅσον ἐπληρώθη τοῦ ἀγγείου μέρος ὑπὸ τοῦ ὕδατος, εἶτ' ἐκκενώσας εὐθέως αὐτὸ πάλιν ἐπίθες ἐπὶ ταὐτὸν ὕδωρ· ὅταν δὲ τὴν δευτέραν ὥραν ἀγγείλῃ τὸ ἡλιακὸν ὡρολόγιον, ἐπίσκεψαι τὸ ἀγγεῖον. εἶθ' ὅταν εὕρῃς ἐν αὐτῷ τὸ ὕδωρ ἐπὶ τὸ αὐτὸ μέρος ἀφιγμένον, ὡς κατὰ τὴν πρώτην ὥραν ἐσημαίνου, ταχέως ἐκχέας αὖθις θὲς κατ' αὐτοῦ τοῦ ὕδατος καὶ ἐπισκέπτου πάλιν, εἰ μέχρι τῆς τρίτης ὥρας ἐνδείκνυσι τὸ ὡρολόγιον ἐπὶ τὴν αὐτὴν χώραν ἀφικνεῖσθαι τοῦ ἀγγείου τὸ ὕδωρ, ἐφ' ἣν κατὰ τὴν πρώτην καὶ κατὰ τὴν δευτέραν. (Hier möchte ich lieber mit den Mss. ἀφικνεῖται lassen und das vorhergehende so lesen: εἰ μέχρις οὗ τὴν τρίτην ὥραν ἐνδείκνυσι τὸ ὡρολόγιον, ...) ὅταν οὖν εὕρῃς οὕτως γεγονός, ἐκχέας αὖθις ἐπίθες ἄχρι τῆς τετάρτης ὥρας, ἰδών τε πάλιν ἐπὶ τὸ αὐτὸ μέρος τοῦ ἀγγείου τὸ ὕδωρ ἀναβεβηκός, ἐκχέας αὐτό, παραχρῆμα πάλιν ἐπιθεὶς ὁμοίως ἐξέταζε κατὰ τὴν πέμπτην ὥραν. ὅταν καὶ ταύτῃ εὕρῃς ἐπὶ τὴν αὐτὴν χώραν ἀφιγμένον τὸ ὕδωρ, εἶτα καὶ κατὰ τὴν ἕκτην τε καὶ κατὰ τὰς ἐφεξῆς ἄχρι τῆς δωδεκάτης, εἰ μὴ παντελῶς ἄνους εἶ, πεισθήσῃ καλῶς καταγεγράφθαι τὸ ὡρολόγιον, εἴ γε τὸ προκείμενον ἐπεδείξατο". Hier wird also zunächst der Wasserzufluß gemessen, welcher sich ergibt von dem Augenblick an, wo der erste Sonnenstrahl erblickt wird, bis zu dem Augenblick, wo die Sonnenuhr anzeigt „τὴν πρώτην ὥραν ἠνύσθαι"; letzterer Ausdruck ist in seiner weitläufigeren Fassung unzweideutig die Bezeichnung der abgelaufenen ersten Stunde. Damit erklären sich nun aber auch alle folgenden kurzgefaßten Ausdrücke „ὅταν δὲ τὴν δευτέραν ὥραν ἀγγείλῃ τὸ ἡλιακὸν ὡρολόγιον" — „ὡς κατὰ τὴν πρώτην ὥραν ἐσημαίνου" — „ἄχρι τῆς τετάρτης ὥρας" — „κατὰ τὴν πέμπτην ὥραν" u. s. w. in demselben Sinne des abgelaufenen Zeitraums, und auch hier bezeichnet wieder das ἄχρι τῆς δωδεκάτης ὥρας den

Abschluß des ganzen 12stündigen Tages, wie bei der vorhergehenden Beschreibung der Wasseruhr.

Die Sache wird noch deutlicher werden, wenn wir uns auch die Einrichtung einer antiken Sonnenuhr etwas näher ansehen. Jede antike Sonnenuhr gieng von dem Grundgedanken aus, den Weg, den ein Schattenpunkt zwischen Sonnenauf- und Untergang auf irgend einer Fläche beschrieb, in zwölf Teile zu teilen. Diese Aufgabe war nicht so leicht zu lösen, wenn man den Schattenpunkt auf einer ebenen Fläche wandern ließ, weil er auf einer solchen sich mit wechselnder Geschwindigkeit bewegt, sehr schnell morgens und abends, viel langsamer um Mittag. Wie sollte man also die zwölf Strecken des Schattenwegs bemessen, damit sie g l e i c h e Zeiträume darstellen? Sehr einfach wurde dagegen die Aufgabe, wenn man den Schattenpunkt auf Bahnen sich bewegen ließ, die genau den Bahnen der Sonne am Himmel entsprachen, denn da die Sonne in gleichen Zeiträumen ihrer täglichen Bewegung gleiche Bogen am Himmel zurücklegt, so durfte man nur die einzelne Kurve der Sonnenuhr in zwölf gleiche Teile einteilen, um zwölf unter sich gleiche Stunden zu bekommen. Die Sonnenuhr, welche dieses Problem verwirklichte, war unter dem Namen der Sonnenuhr des Berosus im Altertum weit verbreitet, und verschiedene Exemplare, die jetzt noch vorhanden sind, geben ein deutliches Bild von ihrer Construktion [1]. Man denke sich eine ausgehöhlte Halbkugel, genau horizontal gestellt und mit der Höhlung dem Zenith zugewendet. Im Zentrum sei ein kleiner schattenwerfender Gegenstand, etwa ein Kügelchen angebracht. Sobald die Sonne am Horizont erscheint, wird sich auch am Horizont der hohlen Halbkugel, nur an der entgegengesetzten Seite, der Schatten des Kügelchens zeigen

---

[1] Vgl. G. Bilfinger, die Zeitmesser der antiken Völker. Stuttgart 1886. S. 26 ff.

und dieser wird dann bis Sonnenuntergang im Innern der Halbkugel genau denselben Kreisbogen beschreiben, den die Sonne am Himmel macht, nur in umgekehrter Richtung. Bezeichnet man im Innern des Hemicykliums den Weg, den der Schatten beschreibt, durch eine bleibende Linie, und wiederholt man dies an beliebig vielen Tagen, so hat man ebensoviele Tageskurven für die zu entwerfende Uhr gewonnen. Statt aber für jeden Tag eine besondere Kurve zu verzeichnen, begnügten sich die Alten mit den drei Schattenkurven für die beiden Äquinoktien und Solstitien, dann teilten sie jede dieser drei Kurven in 12 gleiche Teile und verbanden die 11 Schnittpunkte, die auf diese Weise auf der Kurve des Äquinoktialtages entstanden, nach der einen Seite hin mit den entsprechenden Schnittpunkten der Kurve des längsten Tages, nach der andern Seite hin mit den entsprechenden Schnittpunkten der Kurve des kürzesten Tages, d. h. sie zogen quer durch die 3 Tageskurven die 11 lineae horariae. Die Wirkung der Uhr ist also die: an 4 Tagen im Jahr wird der Weg, den der Schatten der Stilusspitze im Innern der Halbkugel beschreibt, mit den 3 Tageskurven selbst zusammenfallen, an den andern Tagen im Jahr bewegt er sich zwischen zwei derselben und kreuzt im Laufe des Tages die 11 lineae horariae, indem er bei jedem Zusammentreffen mit einer solchen linea den Ablauf einer Stunde verkündigt. Wir dürfen also, um unsern Satz zu beweisen, nur konstatiren, daß bei der Sonnenuhr der Begriff der hora so und so viel an die entsprechende linea horaria geknüpft war, und nicht an den zwischen zwei lineae horariae gelegenen Zwischenraum. Schon die vorhergehende Stelle hat dies gezeigt, die nächstfolgende wird hierüber keinen Zweifel übrig lassen. Wir sehen in derselben (Macrobius Som. Scip. I, 20, 25 ff.) die genannte Sonnenuhr dazu verwendet, um den Durchmesser der Sonne im Verhältnis zu der Größe ihrer Bahn am Himmel zu messen, in einer Weise, die auch von andern Schriftstellern des Altertums nicht selten erwähnt wird.

„Aequinoctiali die ante solis ortum aequabiliter locatum est saxeum vas in hemisphaerii speciem cavata ambitione curvatum, infra per lineas designato duodecim diei horarum numero, quas stili prominentis umbra cum transitu solis praetereundo distinguit (folgt eine weitere Ausführung über diese Sonnenuhr). Huic igitur aequabiliter collocato circa tempus solis ortui propinquantis inhaesit diligens observantis obtutus, et cum ad primum solis radium, quem de se emisit prima summitas orbis emergens, umbra de stili decidens summitate primam curvi labri eminentiam contigit, locus ipse, qui umbrae primitias excepit, notae impressione signatus est, observatumque, quamdiu (= bis) super terram ita solis orbis integer appareret, ut ima ejus summitas adhuc horizonti videretur insidere, et mox locus, ad quem umbra tunc in vase migraverat, adnotatus est, habitaque dimensione inter ambas umbrarum notas, quae integrum solis orbem, id est diametrum, natae de duabus ejus summitatibus metiuntur, pars nona reperta est ejus spatii, quod a summo vasis labro **usque ad horae primae lineam continetur**. Et ex hoc constitit, quod in cursu solis unam temporis aequinoctialis horam faciat repetitus novies orbis ejus accessus, et quia conversio coelestis hemisphaerii peractis horis duodecim diem condit, novies autem duodeni efficiunt centum octo, sine dubio solis diametros centesima et octava pars hemisphaerii aequinoctialis est, ergo totius aequinoctialis circuli ducentesima sexta decima pars est."

Wir brauchen der weiteren Berechnung nicht mehr zu folgen. Das Verfahren ist klar: Man beobachtet an einer in der richtigen Weise aufgestellten Sonnenuhr zuerst den Punkt, wo die Schattenspitze auffällt in dem Augenblick, wo die Sonne mit dem obern Rand am Horizont sich zeigt, dann wieder den zweiten Punkt, wenn die Sonne mit dem untern Rand auf dem Horizont steht. Den Zwischenraum zwischen beiden Punkten vergleicht man nun mit dem Weg, den die Schattenspitze bis zum Ablauf der ersten Tagesstunde zurücklegt, und wenn man findet, daß jener erste Raum zum zweiten sich verhält wie 1:9, so hat man den Schluß: also verhält sich der Sonnendurchmesser zu der Bahn, den die Sonne im Lauf eines Tages um die Erde beschreibt = 1:9 × 24 = 1:216; oder der Sonnendurchmesser ist der 216te Teil des Äquatorialhimmelskreises. Was uns hier interessirt, ist der hiebei gebrauchte Ausdruck „pars nona reperta est ejus spatii, quod a summo vasis labro usque ad horae primae lineam continetur." Denn er beweist zweifellos, daß der Begriff hora prima an der Linie haftete, welche der Schatten nach Abfluß der ersten Tagesstunde erreichte. Wenn er an dem Intervall haften würde, welcher zwischen dem Rand der Sonnenuhr und der ersten linea horaria vom Schatten zu durchlaufen ist, so hätte der Schriftsteller, der zunächst ja von dem Raum spricht, einfach sagen können: pars nona reperta est horae primae, statt der weitläufigen Umschreibung, die in der vorgenannten Stelle enthalten ist. Der Schluß, zu dem wir hiemit gelangt sind, ist der, daß für alle Zeitmesser, die wir im Altertum kennen, übereinstimmend der Begriff der hora prima, secunda u. s. w. sich mit dem Endpunkt der betreffenden Stunde verbindet. Dabei ist die Frage an sich ganz gleichgültig, ob auf den antiken Sonnenuhren die Stunden auch wirklich — sei es mit Ziffern, sei es mit Buchstaben — angeschrieben waren (Becker, Gallus II S. 300). Es wäre höchst auffallend, wenn auf den teilweise so künstlichen Uhren, Sonnen- wie Wasseruhren, dieses so einfache Mittel, das durch die beigeschriebene Zahl geboten ist, unangewendet geblieben wäre; aber ob nun die Zahl dastand oder dazu gedacht werden mußte, sie gehörte sicherlich zu der Linie und nicht zu dem zwischen den Linien eingeschlossenen Intervall, bezeichnete also die Stunde als Zeitpunkt, nicht als Zeitraum. Wenn dies aber bei den Uhren so war, sollte es nicht auch bei dem auf den Uhren begründeten Sprachgebrauch des täglichen Lebens ebenso gewesen sein? Sollte es sich nicht von selbst verstehen, daß auch der horarius, d. h. der Sklave, der in Rom dem Herrn die Zeit meldete, sich so ausdrückte, wie er von der Uhr angeleitet wurde, und der Herr so, wie er es vom horarius gehört hatte?

VII. Stundenbrüche.

Wenn wir jetzt unsere Stunde in 60 Minuten, die Minute in 60 Sekunden zerlegen, so ist das bekanntlich eine Teilung, die wir durch Vermittlung der Griechen den Babyloniern verdanken. Dies ist aber keineswegs so zu verstehen, als ob auch die Babylonier [1] und Griechen ihre Stunden in 60 Minuten und ihre Minuten in 60 Sekunden geteilt hätten. Vielmehr verhält sich die Sache folgendermaßen: Die Babylonier hatten in der Sexagesimal-Bruchrechnung ein Verfaren, jeden Bruch bis zu einem beliebigen Grad von Genauigkeit auszudrücken, indem sie Sechzigstel des ersten, zweiten, dritten, überhaupt jedes beliebigen Grads unterschieden. Auf griechischen Boden scheint diese Art der Bruchrechnung durch Hipparch verpflanzt worden zu sein; ihre eigentliche Einführung aber verdankt sie Ptolemäus, der sie in seinem Almagest oft anwendet, und zwar für die Minutialteilung des Kreises und des Tages, aber gerade nicht der Stunden. Stundenminuten und Stundensekunden finde ich in der europäischen Literatur erst im Ausgang des Mittelalters, im Osten zuerst bei Albiruni (c. 1000 nach Chr.), so daß es als höchst wahrscheinlich erscheint, daß die arabischen Astronomen die ersten waren, die die Sexagesimalrechnung auf die Stundenrechnung anwendeten. Wo Ptolemäus die

---

[1] Vgl. G. Bilfinger, Die babylonische Doppelstunde. Stuttgart 1888 (A. Prechter) S. 5 ff.

Länge einer Zeitstunde mit der Äquinoktialstunde vergleichen will, gibt er der letzteren, offenbar im Anschluß an die Gradteilung des Kreises, 15 χρόνοι, so daß das ganze Nychthemeron in 360 χρόνοι zerfällt, die nun je nach der Länge von Tag und Nacht in verschiedenem Verhältnis an Tag- und Nachtstunden verteilt werden. Man sieht, das war eine Teilung der Stunde, die rein wissenschaftlichen Zwecken diente und daher im praktischen Leben keine Anwendung finden konnte. Im letzteren war man darauf angewiesen, die landläufige gewöhnliche Bruchrechnung auch auf die Stunden anzuwenden, wenn man einen nicht gerade mit Anfang oder Ende einer Stunde zusammenfallenden Zeitpunkt mit größerer Genauigkeit ausdrücken wollte. Dieses Bedürfnis mochte sich im Altertum nicht so fühlbar machen, als im Zeitalter der Eisenbahnen und Telegraphen, aber es ist an und für sich anzunehmen, dass die Veranlassungen zu derartigen genaueren Zeitbestimmungen nicht ganz gefehlt haben werden und wir werden sehen, daß in der That die Stundenbrüche nicht gar so selten vorkommen, wie man vielleicht meint. Das aber ist einleuchtend, dass die sprachliche Formulierung dieser Stundenbrüche ganz anders ausfallen mußte, wenn den Stundenformeln die Zeit der abgelaufenen Stunde zu Grunde lag, und ganz anders, wenn darunter die laufende Stunde gemeint war. Um zum Beispiel einen Zeitpunkt auszudrücken, der vom Anfang der Stundenreihe (für uns von Mittag, für das Altertum von Sonnenaufgang) eine und $3/4$ Stunden entfernt ist, mußte man vom einen Standpunkt sagen: Es waren von der zweiten Stunde drei Viertel verflossen, vom andern Standpunkt aber sagte man und sagen wir: Es war ein Uhr und drei Viertel. Wir haben also auch an der Art, wie die Alten ihre Stundenbrüche ausdrückten, ein Mittel, um den Sinn ihrer Stundenformeln zu kontrolieren. Finden wir bei ihnen die erstere Ausdrucksweise in

VII. Stundenbrüche.   91

Übung, so dürfen wir schließen, daß sie unter einer angegebenen hora die laufende Stunde verstanden haben; drücken sie sich aber aus wie wir: „quinta hora erat et dimidia" = es war 5½ Uhr, so muß auch der Sinn ihrer Stundenformeln überhaupt dem der unsrigen entsprochen haben. In der That finden wir bei den Schriftstellern, die die Stundenformeln unverkennbar im Sinn der laufenden Stunde brauchen, bei den Astronomen, auch die entsprechende Art die Brüche auszudrücken. Die von Ptolemäus angeführten und benützten Astronomen, welche die laufende Stunde durch die Zusätze ἀρχομένης, μέσης, πεπληρωμένης näher bestimmen, drücken weitere Zeitpunkte dadurch aus, dass sie sagen: nachdem von der und der Tagesstunde 1/3, 1/4, 1/5, 3/5 und sofort verstrichen waren (Almagest ed. Halma II, 24: τῆς ι' ὥρας ὅσον ἡμιωρίου προελθόντος = μετὰ γ' ς" ὥρας καιρικὰς τοῦ μεσονυκτίου — I, 295: Ἐπιρὶ ιζ', τοῦ διμοίρου (= 2/3) τῆς πρώτης ὥρας παρελθλυθότος und so öfters). Allein die gewöhnlichen Schriftsteller des Altertums bedienen sich derselben Methode wie wir, indem sie zunächst eine ganze Zahl angeben und dann addierend die Bruchzahl hinzufügen, so daß offenbar die erstere, ganze Zahl im Sinne der abgelaufenen Stunde aufgefaßt werden muß. Im Verhältnis zu der Zahl der Stundenangaben überhaupt sind freilich derartige Stundenformeln mit Brüchen nicht eben häufig, was uns bei dem beschränkten Gebrauch und bei der Einrichtung der antiken Uhren nicht wundernehmen kann. Sie sind aber andererseits auch nicht so ganz selten, als man vielleicht meinen könnte. Das möge folgende Zusammenstellung zeigen, die eben das enthält, was mir zufällig aufgestoßen ist. Bei Plutarch (de facie in orbe lunae c. 21) in einem Zusammenhang, wo von den verschiedenen Färbungen die Rede ist, die der verfinsterte Mond zeigen soll, wird gesagt: καὶ διαιροῦσιν αὐτὰς οὕτως οἱ μαθηματικοὶ κατὰ χρόνον καὶ ὥραν ἀφορίζοντες. ἂν ἀφ' ἑσπέρας ἐκλείπῃ, φαίνεται μέλαινα δεινῶς ἄχρι τρίτης ὥρας καὶ ἡμισείας, ἂν δὲ μέση (μέσῃ νυκτί?), τοῦτο δὴ τὸ ἐπιφοινίσσον (in's Purpurfarbige spielend) ἴησι καὶ πῦρ καὶ πυρωπόν. ἀπὸ δὲ ἑβδόμης ὥρας καὶ ἡμισείας ἀνίσταται τὸ ἐρύθημα. καὶ τέλος ἤδη πρὸς ἕω λαμβάνει χρόαν κυανοειδῆ καὶ χαροπήν, ἀφ' ἧς δὴ καὶ μάλιστα γλαυκῶπιν αὐτὴν οἱ ποιηταὶ καὶ Ἐμπεδοκλῆς ἀνακαλοῦνται. In den Kreis des eigentlichen bürgerlichen Lebens führt uns die nächste Stelle, die ich in Galenus gefunden habe. Er erzählt nämlich (Kühn Band 10, 671.) in der Schrift περὶ θεραπευτικῆς μεθόδου von einem Patienten: οὗτος ἀποδημῶν, εἶτα πυθόμενός τι τῶν οὐχ ἡδέων ἠνιάθη τε ἅμα καὶ συντείνας ἑαυτὸν εἰς τὴν πόλιν ἠπείγετο· διὰ μὲν οὖν τῆς προτέρας ἡμέρας ἐκοπώθη τε μετρίως καὶ λουσάμενος καὶ δειπνήσας ἀνεπαύσατο κατά τι πανδοχεῖον ἀγρυπνήσας τὰ πλείω. κατὰ δὲ τὴν ὑστεραίαν ἔτι καὶ μᾶλλον ἠπείχθη καὶ διανύσας ὁδὸν παμπόλλην καὶ ψαμμώδη καὶ αὐχμηρὰν ἐν ἡλίῳ θερμῷ, σχεδὸν ὥρας ἑβδόμης καὶ ἡμισείας εἰς τὴν πόλιν ἀφίκετο, πυθόμενος δὲ ἡδίω δι' ἅπερ ἔσπευδεν, εἰς γυμνάσιον ἐπορεύθη λουσόμενος, εἶθ' ἀλειψάμενος ἀνετρίψατο σύν τινι τῶν αὐτόθι νεανίσκων u. s. w. Origenes in seinem Commentar zur Genesis weist, um die Nichtigkeit der Genethlialogie darzuthun, unter anderem darauf hin, wie schwer es sei, die Position der einzelnen Planeten in Bezug auf den Zodiakus im Augenblick einer Geburt richtig zu bestimmen. Hiebei betont er namentlich, daß die Einteilung der Stunde mit der Sexagesimalteilung der Thierzeichen incommensurabel sei und sagt: πῶς τοίνυν τῆς ὥρας πλατεῖ λόγῳ ἥμισυ δωδεκατημορίου περιεχούσης δύναταί τις λαβεῖν τὸ ἑξηκοστόν, μὴ ἔχων τὴν ἀναλογίαν τῆς διαιρέσεως τῶν ὡρῶν, ὥστε, φέρε εἰπεῖν, εἰδέναι ὅτι γεγέννηται ὁ δεῖνα ὥρᾳ τετάρτῃ καὶ ἡμίσει ὥρας, καὶ τετάρτῳ, ὀγδόῳ, καὶ ἑκκαιδεκάτῳ, καὶ δυοτριακοστῷ; Παρὰ πολὺ γάρ φασι παραλλάττειν τὰ σημαινόμενα παρὰ τὴν ἀγνωσίαν οὐ τῆς ὅλης ὥρας, ἀλλὰ καὶ τοῦ ποστημορίου αὐτῆς (citiert von Euseb. präp. evang. VI, 11, 76).

VII. Stundenbrüche.

Daß auch die Römer die Bruchteile der Stunden unterschieden haben, läßt schon die Stelle aus einem Brief M. Aurels schließen, wo er von dem Klima Neapels schreibt (Briefe Frontos II, 6): Coelum Neapolitanum plane commodum, sed vehementer varium. In singulis scripulis horarum frigidius aut tepidius aut horridius fit. Und in der That liefert ein anderer Brief desselben Kaisers (ib. II, 4) dafür einen Beleg: Ego ab hora quarta et dimidia in hanc horam scripsi et Catonis multa legi et haec ad te eodem calamo scribo et te saluto et quam commode agas sciscitor. O quam diu te non vidi! Und Augustin sagt in einer später noch zu besprechenden Stelle (de consensu Evangelistarum III, 40; Benedikt. Band III, pars II S. 123) von den Evangelisten — doch offenbar im Gegensatz zu anderen Schriftstellern oder zu der Ausdrucksweise des gewöhnlichen Lebens — in Bezug auf die hora quasi sexta, in welcher nach Johannes Christus vor Pilatus' Richterstuhl gestanden haben soll: „Nunquam autem isti dicerent: quinta et quadrans, aut quinta et triens, aut quinta et semis, aut aliquid hujusmodi". Der ausführlichste Gebrauch aber dieser Ausdrucksweise findet sich, freilich an einer sehr corrumpierten Stelle, in den Geoponica des Cassianus Bassus, wo dieser Schriftsteller, sei es propria Minerva, sei es nach einer älteren Vorlage, für die Landwirte, die bekanntlich bei vielen landwirtschaftlichen Verrichtungen sich nach dem Monde zu richten pflegten, eine Tabelle der Mondauf- und -Untergänge aufstellt. Die Stelle lautet bei dem letzten Herausgeber J. N. Niclas, Bd. I S. 30 ff. folgendermaßen:

Ἐπειδὴ πολλὰ ἔργα τῆς γεωργίας, ποτὲ μὲν ὑπεργείου, ποτὲ δὲ ὑπογείου τῆς σελήνης οὔσης, προβαίνειν ἀναγκαῖόν ἐστι, δεῖν ᾠήθην ἀπὸ τῆς νουμηνίας τῆς σελήνης ἕως τῆς τριακοστῆς καθ' ἑκάστην ἡμέραν σημᾶναι, ἀπὸ ποίας ὥρας ἡμερινῆς ὑπόγειος ἢ ὑπέργειος γίνεται ἡ σελήνη. τῇ νουμηνίᾳ ἄρχεται ὑπὸ γῆν εἶνα ἡ σελήνη ἀπὸ ἡμισείας ὥρας νυκτερινῆς ἕως ἡμισείας ὥρας ἡμερινῆς. τῇ δευτέρᾳ ἀπὸ μιᾶς καὶ ἡμισείας ὥρας νυκτερινῆς ἕως μιᾶς καὶ ἡμισείας ὥρας ἡμερινῆς. τῇ τρίτῃ ἀπὸ δύο ὡρῶν καὶ τεταρτημορίου ὥρας νυκτερινῆς ἕως δευτέρας καὶ τεταρτημορίου ὥρας ἡμερινῆς. τῇ τετάρτῃ ἀπὸ τρίτης καὶ τριτημορίου ὥρας νυκτερινῆς ἕως τρίτης καὶ τριτημορίου ὥρας ἡμερινῆς. τῇ πέμπτῃ ἀπὸ τρίτης ὥρας καὶ ἑκκαίδεκα μορίων ὥρας νυκτερινῆς ἕως τῶν αὐτῶν ἡμερινῆς. τῇ ἕκτῃ ἀπὸ ὥρας τετάρτης νυκτερινῆς καὶ ἐννέα μορίων ἕως τῶν αὐτῶν ἡμερινῆς. τῇ ἑβδόμῃ ἀπὸ ὥρας πέμπτης νυκτερινῆς καὶ ἓξ μορίων καὶ ἡμίσεως ἕως τῶν αὐτῶν ἡμερινῆς. τῇ ὀγδόῃ ἀπὸ ὥρας ἕκτης καὶ τεσσάρων μορίων ὥρας νυκτερινῆς ἕως τῶν αὐτῶν ἡμερινῆς. τῇ ἐννάτῃ ἀπὸ ἑβδόμης ὥρας καὶ ἕνδεκα ἥμισυ μορίων ὥρας νυκτερινῆς ἕως τῶν αὐτῶν ἡμερινῆς. τῇ δεκάτῃ ἀπὸ ὥρας ὀγδόης καὶ ὀκτὼ μορίων ὥρας νυκτερινῆς ἕως τῶν αὐτῶν ἡμερινῆς. τῇ ἑνδεκάτῃ ἀπὸ ὥρας ἐννάτης νυκτερινῆς ἕως τῆς αὐτῆς (al. τῶν αὐτῶν) ἡμερινῆς. τῇ δωδεκάτῃ ἀπὸ ὥρας δεκάτης νυκτερινῆς καὶ δέκα ἓξ μορίων ἕως τῶν αὐτῶν ἡμερινῆς. τῇ τρισκαιδεκάτῃ ἀπὸ ὥρας ἑνδεκάτης καὶ τριῶν μορίων νυκτερινῆς ἕως τῶν αὐτῶν ἡμερινῆς. τῇ τεσσαρεσκαιδεκάτῃ ἀπὸ ὥρας ἑνδεκάτης καὶ τριῶν μορίων νυκτερινῆς ἕως τῶν αὐτῶν ἡμερινῆς. τῇ πεντεκαιδεκάτῃ ἀπὸ ἀνατολῆς ἡλίου μέχρι δύσεως καλλίστη, ἐπειδὴ ἡμέρας κάλλιον τὰ ἔργα ποιήσομεν. τῇ ἑκκαιδεκάτῃ ἀπὸ ἡμισείας ὥρας ἡμερινῆς ἕως τῆς αὐτῆς νυκτερινῆς. τῇ ἑπτακαιδεκάτῃ ἀπὸ ὥρας πρώτης καὶ δεκαεπτὰ μορίων ἡμερινῆς μέχρι καὶ τῶν αὐτῶν νυκτερινῆς. τῇ ὀκτωκαιδεκάτῃ ἀπὸ ὥρας δευτέρας καὶ τεσσάρων καὶ ἡμίσεως μορίων ἡμερινῆς ἕως τῶν αὐτῶν νυκτερινῆς. τῇ ἐννεακαιδεκάτῃ ἀπὸ ὥρας τρίτης καὶ τριῶν μορίων ἡμερινῆς ἕως τῶν αὐτῶν νυκτερινῆς. τῇ εἰκοστῇ ἀπὸ ὥρας τρίτης καὶ δεκαὲξ μορίων ἡμερινῆς ἕως τῶν αὐτῶν νυκτερινῆς. τῇ εἰκοστῇ καὶ πρώτῃ ἀπὸ ὥρας τετάρτης καὶ ἐννέα μορίων ἡμερινῆς ἕως τῶν αὐτῶν νυκτερινῆς. τῇ εἰκοστῇ καὶ δευτέρᾳ ἀπὸ ὥρας πέμπτης καὶ ἓξ καὶ ἡμίσεως μορίων ἡμερινῆς ἕως τῶν αὐτῶν νυκτερινῆς. τῇ εἰκοστῇ καὶ τρίτῃ ἀπὸ ὥρας ἕκτης καὶ τεσσάρων μορίων ἡμερινῆς ἕως τῶν αὐτῶν νυκτερινῆς. τῇ εἰκοστῇ καὶ τετάρτῃ ἀπὸ ὥρας ἑβδόμης καὶ ἕνδεκα καὶ ἥμισυ μορίων ἡμερινῆς ἕως τῶν αὐτῶν νυκτερινῆς. τῇ εἰκοστῇ καὶ πέμπτῃ ἀπὸ ὥρας ἑβδόμης καὶ ἕνδεκα μορίων ἡμερινῆς ἕως τῶν αὐτῶν νυκτερινῆς. τῇ εἰκοστῇ καὶ ἕκτῃ ἀπὸ ὥρας ὀγδόης καὶ ἓξ καὶ ἡμίσεως μορίων ἡμερινῆς ἕως τῶν αὐτῶν νυκτερινῆς. τῇ εἰκοστῇ καὶ ἑβδόμῃ ἀπὸ ὥρας ἐννάτης καὶ ἐννέα καὶ ἥμισυ μορίων ἡμερινῆς ἕως τῶν αὐτῶν νυκτερινῆς. τῇ εἰκοστῇ καὶ ὀγδόῃ ἀπὸ ὥρας δεκάτης καὶ δεκαὲξ μορίων ἡμερινῆς ἕως τῶν αὐτῶν νυκτερινῆς. τῇ εἰκοστῇ καὶ ἐννάτῃ ἀπὸ ὥρας ἑνδεκάτης καὶ τριῶν μορίων ἡμερινῆς ἕως τῶν αὐτῶν νυκτερινῆς. τῇ τριακοστῇ ἀπὸ ὡρῶν δύσεως ἡλίου ἕως ἀνατολῆς ἡλίου.

Daß hier die Zahlen gräulich korrumpiert sind, springt in die Augen: nicht sowohl dadurch, daß dieselben keinen regelmäßigen Fortschritt zwischen der einen und der andern Untergangszeit zeigen, denn ob das notwendig wäre, ist vorderhand fraglich, aber doch jedenfalls dadurch, daß der Mond einigemale vollständig stillzustehen scheint. So finden wir am 13. und 14. Tag dieselbe Untergangszeit, und vom 24. auf den 25. haben wir sogar einen kleinen Rückschritt von einem halben μόριον zu verzeichnen. Außerdem sind alle Anzeichen dafür vorhanden, daß nach der Ansicht des Verfertigers der Tabelle in der zweiten Monatshälfte dieselben Stunden als Tagstunden für den Mondsuntergang erscheinen sollten, die in der ersten Hälfte als Nachtstunden da waren. Es entsprechen sich nemlich ganz deutlich der 6. und 21., der 7. und 22., der 8. und 23., der 9. und 24, der 14. und 29., der 15. und 30. Tag. Warum sollte diese Übereinstimmung nicht die beiden Hälften in ihrem ganzen Umfange umfassen? Fassen wir die Voraussetzungen der Tabelle etwas näher ins Auge. Die Zeit von Conjunktion zu Conjunktion ist, wie es sich bei einer populären Anweisung von selbst versteht, zu 30 Tagen abgerundet. Die Tabelle nimmt zum Ausgangspunkt den Augenblick, wo der Mond mit der Sonne in Conjunktion steht und mit derselben auf- und untergeht. Der Aufgang fällt demgemäß auf hora 0 diei, der Untergang auf hora 0 noctis. Fünfzehn Tage darauf ist der Mond in Opposition getreten, er geht also im selben Moment auf, wo die Sonne untergeht, und unter, wenn die Sonne aufgeht. Also Aufgang des Monds hora 0 noctis, Untergang hora 0 diei. Damit sind für eine Tabelle, welche die Untergänge des Mondes verzeichnen will, zwei feste Punkte gegeben, die für jede Jahreszeit und für alle Verhältnisse passen. Ebenso sicher und feststehend ist es, daß mit dem Ende des 30. Tages, also mit dem Wiedereintritt der Conjunktion der Untergang von neuem auf hora 0 noctis fallen muß. In diesem Rahmen mußten sich nun die übrigen Untergänge bewegen, und die Frage war, wenn die luna tricesima (Neumond) hora 0 noctis, die luna decima quinta (Vollmond) hora 0 diei untergeht, welche Untergangszeiten sind für die übrigen Tage, nach antiker Bezeichnungsweise für die luna secunda, tertia, quarta u. s. w. bis luna undetricesima zu statuieren? Das Verfahren, das sich am natürlichsten darbot, war der Schluß: wenn der Untergang des Mondes sich in 15 Tagen um den Zeitraum einer Nacht, also um 12 Nachtstunden verspätet, so verspätet er sich in einem Tag um den 15. Teil davon, so daß also auf jeden Tag $12/15$ oder $4/5$ Stunden gekommen wären. Dasselbe Resultat ergab sich auch für die zweite Hälfte des Monats, in welchem der Untergang des Monds sich von hora 0 diei bis hora 0 noctis, also um 12 Tagstunden verspätete, so daß wiederum auf jeden einzelnen Tag $4/5$ Tagstunden entfielen. Dieser so nahe liegende Schluß unterliegt allerdings gerechten Bedenken, sofern wir es ja bei den antiken Tag- und Nachtstunden mit verschiedenen und zugleich mit fortwährend wechselnden Größen zu thun haben. Man sieht nun freilich, daß gerade die antike Stundenrechnung vermöge ihrer veränderlichen Stundengrößen die Rechnung überhaupt erst ermöglicht. Nach unseren unveränderlichen Stunden geht der Vollmond im Sommer spät, im Winter früh, also mit den Jahreszeiten zu ganz verschiedenen Zeiten auf. Ebenso ist es mit dem Neumond, nur daß hier umgekehrt der frühere Aufgang selbstverständlich in den Sommer, der spätere in den Winter fällt. Nur mit den antiken Stunden kann die einfache, für das ganze Jahr giltige Formel aufgestellt werden, daß jeder Neumond (luna tricesima) hora 0 diei auf- und hora 0 noctis untergeht und daß für jeden Vollmond (luna decima quinta) das Umgekehrte stattfindet. Es ist nun aber die Frage, ob diese konstante Auf- und Untergangszeit auch für alle dazwischenliegenden lunae behauptet werden kann. Eine kleine Berechnung wird zeigen, daß dies nicht im strengen Sinne der Fall war, selbst unter der Voraussetzung, die hier zum Zwecke der Vereinfachung gemacht wird und im Zusammenhang unbedenklich gemacht werden darf, daß die Mondbahn und die Sonnenbahn zusammenfallen, während sie in Wirklichkeit einen kleinen Winkel von 5 Grad miteinander bilden. Wir haben gesehen, daß die Ansätze der Tabelle für Neumond und Vollmond immer richtig sein müssen. Machen wir nun die Probe auch für die beiden Mondsviertel, indem wir unter der Voraussetzung, die wir uns zu machen erlauben, berechnen, ob in der That der Mond im ersten Viertel das ganze Jahr hindurch zu derselben antiken Stunde auf- beziehungsweise untergeht. Als erstes Viertel steht der Mond um 90° östlich oder links von der Sonne, seine Culmination wird also immer 6 unveränderliche Stunden nach der Culmination der Sonne erfolgen. Demgemäß stellt sich die Zeit für Auf- und Untergang für die 4 Hauptpunkte des Jahrs, für den längsten und kürzesten Tag und für die beiden Äquinoktialtage, wie folgt:

1) am längsten Tag steht die Sonne im Sommer-

solstitial-, der Mond im Herbstgleichepunkt. Culmination des Monds abends 6 Uhr. Sein oberer Bogen, da er im Äquator steht, dem unteren gleich. Also Aufgang des Monds um Mittag, Untergang um Mitternacht.

2) Am Herbstäquinoktium steht die Sonne im Herbstäquinoktialpunkt; der Mond im Wintersolstitialpunkt. Culmination des Mondes abends um 6 Uhr. Sein oberer Bogen kleiner als sein unterer, da er im Wintersolstitialpunkt steht: also Aufgang nach Mittag und Untergang vor Mitternacht.

3) Am kürzesten Tag steht die Sonne im Wintersolstitialpunkt, der Mond im Frühlingsäquinoktialpunkt. Culmination des Mondes abends um 6 Uhr. Sein oberer Bogen ist, weil der Mond im Äquator steht, dem unteren gleich. Also Aufgang desselben genau um Mittag, Untergang genau um Mitternacht.

4) Am Frühlingsäquinoktium steht die Sonne im Frühlingsäquinoktialpunkt, der Mond im Sommersolstitialpunkt. Culmination des Monds abends um 6 Uhr. Da aber sein oberer Bogen vermöge der Lage des Monds im Sommersolstitialpunkt größer ist als der untere Bogen, so muß der Aufgang des Monds vor Mittag, sein Untergang nach Mitternacht erfolgen. Wir sehen also, daß der Mond im ersten Viertel an zwei Tagen im Jahr, am längsten und kürzesten, genau um Mittag auf- und um Mitternacht untergeht; dagegen an den zwei Äquinoktialtagen, an dem herbstlichen vor, an dem Frühlingsäquinoktium nach Mitternacht untergeht. Es ist leicht einzusehen, daß die eine Abweichung in dem Zeitraum vom längsten Tag bis zum Herbst, die andere in dem vom kürzesten bis zum Frühjahr sich bewerkstelligt, daß also in beiden Zeiträumen der Untergang nie mehr genau mit Mitternacht (hora VI noctis) zusammenfällt. Wie groß aber die Abweichung ist, das hängt von der Breite des Beobachtungsortes ab.

VII. Stundenbrüche.

Nach unserer Voraussetzung ist der obere Bogen des Mondes, wenn er im Sommersolstitialpunkt steht (d. h. also wenn erstes Viertel in die Zeit des Frühlingsäquinoktiums fällt) gleich dem größten Tagbogen der Sonne. Unter der Breite von Unteregypten z. B. ist der letztere = 14 Äquinoktialstunden, also würde der Mond unter diesen Voraussetzungen 7 Stunden vor seiner Culmination auf- und 7 nach seiner Culmination untergehen, letzteres demnach um 1 Uhr Nachts, und dies wäre nach antikem Ausdruck, da wir es mit der Äquinoktialzeit zu thun haben = VII hora noctis. Es würde also für die Breite von Unteregypten die Untergangszeit (wie auch die Aufgangszeit) um eine Stunde schwanken. Und je mehr wir unsern Standpunkt gegen Norden verlegen, je größer die Differenz zwischen dem größten und kleinsten Tagbogen der Sonne wird, desto größere Dimension muß jene Abweichung annehmen. Es wäre nun überflüssig, dieselbe Berechnung auch für das dritte Viertel anzustellen, es ist klar, daß auch hier dasselbe Resultat sich ergeben muß und es darf als nachgewiesen gelten, daß eine Berechnung der Mondsauf- und -Untergänge, wie wir sie hypothetisch angenommen haben, nur zu annähernd richtigen Ergebnissen führen würde. Nichtsdestoweniger ist mit Sicherheit anzunehmen, daß eine solche Berechnung uns hier faktisch vorliegt; denn einmal bedeuteten diese Abweichungen, die im schlimmsten Fall beiläufig eine Stunde betrugen, sehr wenig für eine Tabelle, die einen so ausgesprochen populären Zweck verfolgte und für eine bäuerliche Bevölkerung berechnet war. Zweitens aber, was die Hauptsache ist, war diese Berechnung im Altertum die allgemein übliche, und findet sich auch bei Schriftstellern, die mehr Anspruch auf Wissenschaftlichkeit machen als der Geoponiker, z. B. bei dem älteren Plinius, und wie ich schon an anderer Stelle gezeigt habe, geben uns gerade die Berechnungen des Plinius ein Mittel an die Hand, die Tabelle des Cassianus Bassus zu rekonstruieren und von den zahlreichen Fehlern, die sie der Ungeschicklichkeit der Abschreiber verdankt, zu befreien [1].

Plinius nämlich stellt an zwei Stellen seiner naturalis historia über den Tagbogen des Mondes eine ähnliche Berechnung an, nur daß er sich mit der Angabe der Differenz begnügt. XVIII § 324 f. sagt er: supra terras autem erit quamdiu et sol interlunio et prima tota die (und zwar am ersten Tag den ganzen Tag), secunda horae noctis unius dextante sicilico ($= {}^{10}/_{12} + {}^{1}/_{48} = {}^{41}/_{48}$) ac deinde tertia et usque XV multiplicatis horarum isdem portionibus. XV tota supra terras noctu erit eademque sub terris tota die. XVI ad primae horae nocturnae dextantem sicilicum sub terra aget, easdemque portiones horarum per singulos dies adiciet usque ad interlunium, et quantum primis partibus noctis detraxerit, quod sub terris agat, tantundem novissimis ex die adiciet supra terram. (Construiere: quantum noctis . . ., tantum ex die d. h.: Was er seinem oberen Bogen von Nachtzeit vorn wegnimmt mit dem Erfolg, ut sub terris agat, das setzt er ihm hinten bei Tag zu.) An einer anderen Stelle berechnet er einen etwas verschiedenen Bruch. II § 58 heißt es nämlich: lunam semper aversis a sole cornibus, si crescat, ortus spectare, si minuatur, occasus, haut dubium est. Lucere dodrantes semuncias horarum ab secunda adicientem usque ad plenum orbem detrahentemque in deminutionem, intra quattuordecim autem partes solis semper occultam esse. Also Differenz zwischen zwei Aufgängen: $3/4 + 1/24 = 19/24$. Auf letzteren Bruch ist Plinius (oder sein Gewährsmann) offenbar dadurch gekommen,

---

[1] Jahrbücher für klass. Philol. 1884. 7. S. 488 ff. Die dortige Darstellung hebt übrigens die Mängel dieser antiken Berechnungsart nicht genügend hervor.

daß er eine Periode von 30 Tagen zu Grunde legend für einen Tag den Bruch $^{24}/_{30}$ oder $^4/_5$ fand. Diesen Bruch auf die gewöhnlichen römischen zurückzuführen, gab es zwei Wege, entweder auf den dextans weiterzugehen, der um $^1/_{30}$ zu groß war, oder auf den dodrans zurück, der um $^1/_{20}$ zu klein erschien; er wählte letzteres und drückte das $^1/_{20}$ mit einer leichten Ungenauigkeit durch die semuncia $= ^1/_{24}$ aus. Die andere Angabe dextans und sicilicus ist merklärlich, wenn man von der 30tägigen Periode ausgeht: denn in diesem Fall hätte jedenfalls der sicilicus wegbleiben müssen, da schon der dextans bei dieser Voraussetzung etwas zu groß erschien. Es ist sehr wahrscheinlich, daß Plinius (oder sein Gewährsmann) den Vollmond als den 14. Tag annahm und so auf jeden Tag eine Differenz von $^{12}/_{14} = ^6/_7$ herausbekam. $^6/_7$ sind nun gleich $^{42}/_{49}$, ein Bruch, der einen Römer notwendig auf den Versuch bringen musste, ihn in 48stel umzuwandeln. Nenner und Zähler um eine Einheit verringert gab $^{41}/_{48}$! Wer aber dieses Verfahren gar zu unmathematisch finden sollte, den verweise ich auf Hankel, der in seiner Geschichte der Mathematik S. 61 bei einer Rechnung des Julius Frontinus genau dieselbe Manipulation voraussetzt. Wendet man nun diese beiden Berechnungsarten des Plinius auf unsern Geoponiker an, so ergibt der Bruch dextans sicilicus kein Resultat. Um so überraschender und befriedigender ist aber das Licht, welches durch den Bruch dodrans semuncia in jenen Knäul verdorbener Zahlen geworfen wird. Um dies auf einen einzigen Blick zur Anschauung zu bringen, lasse ich eine Tabelle folgen, welche in den ersten zwei Spalten die Monduntergänge nach dem corrumpierten Text enthält, in Spalte 1 für den 1.—15. Tag, in Spalte 2 für den 16.—30. Tag, um dann in Spalte 3 die Berechnung nach dem Plinianischen Bruch dodrans semuncia gegenüberzustellen.

VII. Stundenbrüche.

Tag	Untergang nachts	Tag	Untergang tags	Berechnung nach Plinius: ganze Stunden u. zwölftel	
1	0 ½	16	0 ½	0	9½
2	I ½	17	I καὶ 17 μόρια	I	7
3	II καὶ τεταρτημόριον	18	II „ 4½ „	II	4½
4	III καὶ τριτημόριον	19	III „ 3 „	III	2
5	III καὶ 16 μόρια	20	III „ 16 „	III	11½
6	IV „ 9 „	21	IV „ 9 „	IV	9
7	V „ 6½ „	22	V „ 6½ „	V	6½
8	VI „ 4 „	23	VI „ 4 „	VI	4
9	VII „ 11½ „	24	VII „ 11½ „	VII	1½
10	VIII „ 8 „	25	VII „ 11 „	VII	11
11	IX	26	VIII „ 6½ „	VIII	8½
12	X „ 16 „	27	IX „ 9½ „	IX	6
13	XI „ 3 „	28	X „ 16 „	X	3½
14	XI „ 3 „	29	XI „ 3 „	XI	1
15	ἀπὸ ἀνατολῆς	30	ἀπὸ δύσεως	XI	10½ rund = XII

Die Übereinstimmung des 6. und 21., ferner des 7. und 22., des 8. und 23. Tages mit der letzten Spalte ist eine so vollständige und schlagende, daß kein Zweifel bestehen kann, daß die corrumpierten Zahlen nach dem Plinianischen Ansatz hergestellt werden müssen.

Und dies wird um so sicherer, wenn wir die Thatsache ins Auge fassen, daß der Mond in der ersten Spalte einmal einen Stillstand, in der zweiten gar einen kleinen Rückschritt macht. Der letztere Fehler: 24. Tag VII, 11½; 25. Tag VII, 11 wird sich verglichen mit den plinianischen Zahlen als eine ganz unbedeutende Verschreibung beim 24. Tag herausstellen. Daß dagegen in der ersten Spalte der 13. und der 14. Tag dieselbe Zahl haben, erklärt sich offenbar daraus, daß ein Abschreiber beim 10. Tag, welcher die Zahl VII, 11 hätte haben sollen, durch Versehen auf die Zahl des nächstfolgenden Tages VIII, 8 kam; hiemit rückten auch die übrigen Zahlen fälschlich um eine Stelle hinauf und beim 14. Tag blieb eine Lücke, die durch Wiederholung der schon vorher dagewesenen Zahl ausgefüllt wurde. Wenn wir diese beiden Fehler verbessern, so ergibt sich schon eine sehr weitgehende Übereinstimmung zwischen den Ansätzen des Geoponikers und den plinianischen Zahlen.

Macht man nun noch die Bemerkung, daß an einigen Stellen bei den Tagen, wo nach der plinianischen Berechnung ein halbes μόριον erscheinen sollte, eine 6 steht, so liegt die Vermutung, daß eine Verwechslung zwischen ϛ = 6 und S = 1/2, welche zwei Zeichen einander, besonders in den MSS, so außerordentlich gleich sehen, an den betreffenden Stellen stattgefunden habe (5. und 20. Tag, 13. bezw. 12. und 28. Tag), ungemein nahe, und wir werden uns überall berechtigt fühlen, die von uns ausgerechneten Zahlen wiederherzustellen. Vielleicht mit Ausnahme des 1. 2. und 16. Tages, wo der Verfasser die Absicht haben mochte, statt der genaueren Zahl eine ungenauere aber populärere zu substituieren. Darf meine Wiederherstellung des Textes als gesichert angesehen werden, so haben wir auch hier wie an anderen Stellen (S. 93) oben eine Anwendung der bekannten römischen Uncialbrüche auf die Stunden und zwar in einer Form, die notwendig die Stundenformeln im Sinne der abgelaufenen Stunde voraussetzt.

Wie weit nun der Geoponiker durch seine Berechnung der Mondsaufgänge bis auf solche Bruchteile von Stunden einem praktischen Bedürfnis der landbautreibenden Bevölkerung entgegenkam, das mag hier dahingestellt bleiben, ein Beispiel von praktischer Anwendung solcher Bruchteile finden wir jedenfalls in einer lateinischen Inschrift des zweiten nachchristlichen Jahrhunderts, in welcher für die Einwohner der römischen Kolonie Lamasba in Numidien die Benützung eines am Orte befindlichen Wasserlaufs nach Tagen und Stunden geregelt ist. Man kennt eine derartige Anordnung, wornach die Wasserbenützung nach Stunden verteilt wurde, auch aus anderen Quellen. Die Digesten sprechen an verschiedenen Stellen davon (Dig. XLIII, 20,

5, § 1; — VIII, 6, 7; VIII, 6, 10). Auch durch Inschriften ist die Sache mehrfach bezeugt (Corp. inscr. lat. Vol. VIII, 1, S. 448) und für Afrika selbst haben wir die Nachricht des älteren Plinius n. h. XVIII, 188, daß in der Oase Tacape das dortige Quellwasser „certis horarum spatiis dispensabatur inter incolas". Das umfangreichste Zeugnis dieser Art, die erwähnte Inschrift von Lamasba (Corp. inscr. a. a. O. S. 446), die nach der Überschrift unter einem Caesar M. Aurelius — ungewiß unter welchem — verfaßt worden ist, läßt uns eine derartige nach Stunden und sogar halben Stunden geregelte Benützung eines Wasserlaufs seitens der wasserberechtigten Angrenzer durch viele Tage, vom 25. September bis zum Ende des Novembers verfolgen. Es bleibt freilich bei dem fragmentarischen Zustand des Steines manche Lücke, und verschiedene Andeutungen des Textes, die sich auf topographische Verhältnisse des Ortes und auf gewisse periodische Veränderungen des Wasserlaufes beziehen, bleiben für uns unverständlich, aber diese Schwierigkeiten können der Schlußfolgerung, zu welcher hier die Inschrift benützt werden soll, keinen Eintrag thun. Unverständlich bleibt im wesentlichen der Eingang.

Scala I   ex VII. Kal. Octobr. primo mane quo
               Claudiana descendit ad Matricerda H. I.

Aber so viel ist sicher, daß mit diesen Worten angedeutet war, daß am 25. September (Anfang des Wintersemesters) die Wasserleitung (Claudiana) zunächst eine Stunde lang (H. I. = horam unam) von Tagesanfang an (primo mane) dem eigentlichen Gebrauch durch die Angrenzer entzogen war. Ob deshalb weil die Claudiana zuerst einen gewissen Weg zurücklegen mußte, ehe sie das Anwesen des ersten Angrenzers erreichte, oder aus irgend einem andern Grund, können wir nicht entscheiden, es ist aber anzunehmen, daß für die Bewohner von Lamasba die Sache durch den Zu-

VII. Stundenbrüche.

satz „ad Matricerda" hinlänglich angedeutet war. Von diesem Zeitpunkt an, 25. September, eine Stunde nach Sonnenaufgang, können wir, einige Lücken abgerechnet, die Verteilung des Wassers an die Berechtigten durch viele Tage verfolgen, indem uns die Inschrift zuerst den Namen des Wasserberechtigten nennt, dann angibt, von welchem Zeitpunkt bis zu welchem ihm der Bezug des Wassers zusteht und schließlich auch noch zusammenfassend die Länge des genannten Zeitraumes in Stunden ausdrückt z. B. Flavius Adjutor vete. ex h. V. S. d. VII. Kal. Octobr. in h. X. S. d. ejusdem p. p. s. h. V. „der Veteran Flavius Adjutor hat das Recht, den Wasserlauf zu seinen Zwecken zu benützen ex hora quinta (et) dimidia diei VII. Kal. Octobres in horam decimam (et) dimidiam diei ejusdem pro parte sua horas quinque, d. h. also von $5^1/_2$ Uhr am 25. September bis $10^1/_2$ Uhr, das macht für seinen Anteil 5 Stunden im ganzen aus". Man wird einwenden, daß das für die Bedeutung der abgelaufenen Stunde ausschlaggebende et von mir hineingesetzt sei, und daß man ohne dieses et ebensogut erklären könne: „von der halben fünften bis zur halben zehnten Stunde", womit die Deutung der Formeln im Sinne der laufenden Stunde gegeben wäre. Dieser Einwand ist an und für sich ganz richtig. Da aber im Laufe der Inschrift mehreremals auch die Formel ex hora S = ex hora dimidia vorkommt und diese Formel rechnungsgemäß von der andern ex hora IS sich um eine Stunde unterscheidet, so kann die letztere nicht gelesen werden ex hora prima dimidia = von der ersten halben Stunde an, sondern muß notwendig von der prima et dimidia d. h. von $1^1/_2$ Uhr verstanden werden, womit natürlich dieselbe Auffassungsweise auch für alle andern Formeln mit Notwendigkeit gegeben ist. Hiemit ist der Gesichtspunkt angedeutet, unter welchem die Inschrift, die hiemit folgt, im Zusammenhang einen Platz verdient.

Scala 1 ex VII. Kal. Octobr. primo mane quo Claudiana descendit ad Matricerda h. I.

Mattius Fortis . . ex h. I. d. VII. Kal. Octobr.

in h. VS. d. ejusdem p. p. s. h. IIII S.

Flavius Adjutor Vet. ex h. VS. d. VII. Kal. Octobr.

in h. XS. d. ejusdem p. p. s. h. V.

her. Apulei Faustini ex h. XS. d. VII. Kal. Octobr.

in h. XII. d. ejusdem p. p. s. h. IS.

Apuleus Rogatianus ex h. XII. d. VII. Kal. Octobr.

in h. IS. noctis ejusd. p. p. s. h. IS.

Apuleus Africanus ex h. IS. noctis VII. Kal. Octobr.

in h. III. noctis ejusd. diei p. p. s. h. IS.

Apuleus Processus ex h. III. noct. VII. Kal. Octobr.

in h. VI. noct. ejusd. d. p. p. s. h. IIII (l. III).

her. Aeli Chrysae ex h. VI. noct. VII. Kal. Octobr.

in h. IS. d. VI. Kal. Octobr. p. p. s. h. VIIS.

Aemilius Secundus ex h. IS. d. VI. Kal. Octobr.

in h. VIII. d. ejusdem. p. p. s. h. VIS.

Steminia Aemeridta ex h. VIII. d. VI. Kal. Octobr.

in h. II. noct. ejusd. d. p. p. s. h. VI.

Von hier an folgt eine Lücke, die bis a. d. XIII. Kal. Nov. reicht, dann kommt eine lesbare und in ihren mangelnden Bestandteilen leicht restaurierbare Partie bis zum VIII. Kal. Novembr.

Octavia Donata . ex h. S. noct. XIII. Kal. (Nov.)[1].

ad (h. X.) noct. ejusd. d. p. p. s. (h. IX. S.)

Fl. Fortis vet. ex h. X. noct. XIII. Kal. (Nov.).

(in h. S.) noct. XII. Kl. Nv. (p. p. s. h. XIIII S.)

her. Manili Rogati ex h. S. noct. XII. Kal. Nov.

(in h. III.) d. XI. Kl. Nv. p. p. s. (h. XIIII S.)

---

[1] Die eingeklammerten Stellen fehlen im Text, lassen sich aber durch Vergleichung der vorhergehenden bezw. folgenden Zahlen mit Sicherheit herstellen. Einige Stundenzahlen sind auch stillschweigend korrigiert, wo die Verbesserung auf der Hand lag.

VII. Stundenbrüche.

Sextilia Macrina . ex h. III. d. XI. Kal. Nov.
  (in h. VS. noct.) ej. d. p. p. s. (h. XIIII S.)
C. Publil. Valens . ex h. VS. noct. XI. Kal. (Nov.).
  (in h.) IS. d. X. Kl. Nv. p. (p. s. h. VIII.).
Fuficius Messianus ex (h. IS. d. X.) Kal. Nov.
  (in h. XS.) ejusd. d. p. p. s. h. (VIIII.).S
Fuficius Felix et ex h. XS. d. X. Kal. Nov.
  Priscianus . . (in h. VI. noct.) ejusd. d. p. p. s. h. VII S.
Dentilius Senex . ex h. VI. noct. X. Kal. Nov.
  (in h. II.) d. VIIII. Kl. Nv. p. p. s. h. (VIII.)
Dentilius Maximus ex h. II. d. VIIII. Kal. Nov.
  (in h. X.) d. ejusdem p. p. s. h. VIII.
Germania Castula . ex h. X. d. VIII. Kal. Nov. et. VII.
  quo Claudiana descendit
  . . . . . d. ejusd. . . . p. p. s. h. . . .

Es folgt die letzte lesbare Partie, in der aber die Namen der Empfänger bis auf wenige Reste verschwunden sind.

X. ex h. VIIS. d. XV. Kal. Dec.
  et XIIII et XIII quo Claudiana ascendit.
  et XII. in h. VII. d. ejusdem p. p. s. h. LXXIS.
X. ex h. VII. d. XII. Kal. Dec.
  in h. VII. d. XI. Kal. Dec. p. p. s. h. XXIIII.
X. ex h. VII. d. XI. Kal. Dec.
  in h. V. d. X. Kal. Dec. p. p. s. h. XXII.
X. ex h. V. d. X. Kal. Dec.
  in h. VIIIIS. noct. ejusd. d. p. p. s. h. XVIS.
X. ex h. VIIIIS. noct. X Kal. Dec.
  in h. XS. d. VIIII. Kal. Dec. p. p. s. h. XIII.
X. ex h. XS. d. VIIII Kal. Dec.
  in h. X. noct. ejusd. d. p. p. s. h. XIS.
X. ex h. X. noct. VIIII. Kal. Dec.
  in h. VIIIS. d. VIII. Dec.
  quo Claudiana descendit, p. p. s. h. XS.

X. ex h. VIIIS. d. VIII. Kal. Dec.
    in h. XIS. d. ejusd. (?) . . p. . p. . s. h. III.
X. ex h. XIS. d. VIII. Kal. Dec.
    in h. VII. d. VII. Kal. Dec. p. p. s. h. XVIIIS.
Scala . ex h. VII. d. VII. Kal. Dec.
    in h. I. d. VI. Kal. Dec. p. p. s. h. XVIII.
X. ex h. I. d. VI. Kal. Dec.
    in h. IS. noct. ejusd. d. p. p. s. h. XIIS.
X. ex h. IS. noct. VI. Kal. Dec.
    in h. VIIS. noct. ejusd. d. p. p. s. h. VI.
X. ex h. VIIS. noct. VI. Kal. Dec.
    in h. IS. diei V. Kal. Dec. p. p. s. h. VI.
X. ex h. IS. d. V. Kal. Dec.
    in h. VII. d. ejusdem p. p. s. h. VS.
X. ex h. VII d. (V.) Kal. Dec.
    in h. S. noctis ejusd. d. p. p. s. h. VS.
X. ex h. S. noct. V. Kal. Dec.
    in h. VIIS. noct. IIII. Kal. Dec. p. p. s. h. XXXI.
X. ex h. VII(S.) noct. IIII Kal. Dec.
    in h. VIS. d. III. Kal. Dec. p. p. s. h. (XI.).
X. ex h. VIS. d. III. Kal. Dec.
    in h. II. noct. ejusd. d. p. p. s. h. VIIS.
X. ex h. II. noct. III. Kal. Dec.
    in h. X. d. pr. Kal. Dec. p. p. s. h. XX.
X. ex h. X. d. pr. Kal. Dec.
    in h. III. d. Kal. Dec. . . . . . . h. XVII.
X. ex h. III. d. Kal. Dec.
    in h. . . . . noct. . . . .

Wenn der Leser sich die Mühe nimmt, diese Stundenangaben unter einander zu vergleichen, so wird er mehrfach die hora IS, und daneben als etwas verschiedenes die hora S angegeben finden. Nach S. 106, Linie 15 und 16 hat der Erbe des Aelius Chrysas das Wasserrecht von hora VI noctis VII Kal. Octobres bis hora IS des folgenden Tages, zusammen sieben und eine halbe Stunde. S. 108, Linie 15 und 16 finden wir einen Ungenannten, der das Wasserrecht genießt von der hora VII am V. Kal. Dec. bis zur hora 8 der darauf folgenden Nacht, zusammen fünf und eine halbe Stunde. Da also der terminus a quo bei beiden nur um eine Stunde differiert, so muß die zweite Stunde Differenz im terminus ad quem liegen, d. h. die hora 18 muß eine Stunde später sein als die hora 8. Es bleibt also nichts anderes übrig, als letztere Formel als $1/2$ Uhr, erstere als $1^1/_2$ Uhr aufzufassen. Daraus folgt dann weiter, daß alle Stundenformeln im Sinn der abgelaufenen Stunde gemeint sind, daß hora I unserem 1 Uhr entspricht und hora XII diei mit Sonnenuntergang, hora XII noctis mit Sonnenaufgang zusammenfällt. Damit ist auch die Auffassung gerechtfertigt, die wir in Bezug auf den Anfang der Inschrift vorgetragen haben, nämlich daß die Benützung der Wasserleitung seitens der Angrenzer am 1. Tag erst um 1 Uhr antiker Rechnung (= 7 Uhr morgens) begann, weil aus irgend einem Grund die Wasserleitung a primo mane unam horam unbenützbar war, oder irgend einem anderen Zweck zu dienen hatte.

VIII. Die Stundenangaben der Leidensgeschichte.

Die Belege für unsere Auffassung der antiken Stundenformeln haben sich in den letzten Kapiteln in einer Weise gehäuft, daß uns nichts mehr zu wünschen übrig bleibt, als eine ausdrückliche von einem antiken Schriftsteller gegebene Erklärung, daß die Formeln in der That in der angegebenen Weise aufgefaßt werden müssen. Eine solche Erklärung liegt von Seiten des Augustinus vor in einem Zusammenhang, wo von den Stundenangaben in der Passionsgeschichte die Rede ist und so mögen diese zum Abschluß noch den Gegenstand einer besonderen Besprechung bilden.

Es ist bekannt, daß in Bezug auf die Ereignisse des Todestags Jesu Christi in den Evangelien ein kleiner chronologischer Widerspruch vorliegt. Die Synoptiker, von denen Markus die Zeitangaben am ausführlichsten gibt, haben folgende Verteilung: Morgens in der frühe — ἑωθὺς ἐπὶ τὸ πρωΐ — Rat der Hohepriester (Marc. 15,1); Kreuzigung um 3 Uhr (ἦν δὲ ὥρα τρίτη καὶ ἐσταύρωσαν αὐτόν ib. 15,25); Finsternis von 6—9 Uhr (V. 33.); um 9 Uhr die letzten Worte Jesu Christi und sein Tod (καὶ τῇ ὥρᾳ τῇ ἐνάτῃ ἐβόησεν ὁ Ἰησοῦς u. s. w. V. 34.); schließlich die Grablegung ἤδη ὀψίας γενομένης (V. 42). Johannes, der die Finsternis überhaupt nicht erwähnt, hat eine einzige Zeitangabe und zwar für den Augenblick, wo Pilatus den Richterstuhl besteigt und zu den Juden sagt: Seht, das ist euer König.

VIII. Die Stundenangaben der Leidensgeschichte.

Hier heißt es (19,14): ἦν δὲ παρασκευὴ τοῦ πάσχα, ὥρα δὲ ὡσεὶ ἕκτη. Johannes läßt also Christus noch vor dem Richterstuhl des Pilatus stehen, zu einer Tageszeit, wo er nach den Synoptikern fast 3 Stunden schon am Kreuze hing. Sehen wir zunächst von diesem Widerspruche ab, so läßt sich an manchen Stellen aus dem Altertum nachweisen, in welchem Sinne man damals die ἕκτη und ἐνάτη der Synoptiker auffaßte. Die Gleichung ἕκτη und meridies findet sich bei den alten Kirchenvätern mit Rücksicht auf eine Prophetenstelle (Amos 8,9) verschiedenemal hervorgehoben: Ἀλλὰ ζητεῖς σαφῶς — ruft Cyrillus den Ungläubigen zu — (Katech. 13, 25) — κατὰ ποίαν ὁ ἥλιος ὥραν ἐξέλιπεν; ἆρα πέμπτην ὥραν, ἢ ὀγδόην, ἢ δεκάτην; εἰπὲ τὴν ἀκρίβειαν Ἰουδαίοις τοῖς ἀνηκόοις, ὦ προφῆτα, πότε δύνει ὁ ἥλιος; φησὶ τοίνυν Ἀμὼς ὁ προφήτης (8, 9) .καὶ ἔσται ἐν ἐκείνῃ τῇ ἡμέρᾳ, λέγει κύριος ὁ θεός,. δύσεται ὁ ἥλιος μεσημβρίας — ἀπὸ γὰρ ὥρας ἕκτης σκότος ἐγένετο — καὶ συσκοτάσει ἐπὶ τῆς γῆς ἐν ἡμέρᾳ τὸ φῶς". Denselben Gedanken drückt kürzer Tertullian (adv. Marc. IV, 41) aus: Hic erit dies, de quod Amos „et erit illa die, dicit Dominus, occidet Sol meridie (habes et horae sextae significationem) et contenebrabit super terram". Auch Vettius Juvencus kommt uns wieder zu Hilfe, wenn er (IV, 686 ff.) die Angaben der Synoptiker von der Finsternis durch folgende Verse wiedergibt:

> Jam medium cursus lucis conscenderat orbem,
> Cum subito ex oculis fugit furvisque tenebris
> Induitur trepidumque diem Sol nocte recondit.
> Ast ubi turbatus nonam transegerat horam
> Consternata suo redierunt lumina mundo.
> Et Christus magna genitorem voce vocabat
> Hebraeae in morem linguae; sed nescia plebes
> Heliam vocitare putat.

Was nun den Ausgleich zwischen Johannes und den Synoptikern betrifft, so hat man in neuerer Zeit, um den Widerspruch zu beseitigen, für ersteren eine mit Mitternacht beginnende Stundenreihe hervorgesucht, die nach den einen in Syrien, nach den andern auf dem römischen Forum zu Hause gewesen sein soll. Es würde dann allerdings die ὥρα ἕκτη des Johannes unserem morgens sechs Uhr entsprechen, und der Widerspruch mit den Synoptikern, die um 3 Uhr (= 9 Uhr vormittags) die Kreuzigung, um 6 Uhr (= mittags 12 Uhr) den Beginn der Finsternis, um 9 Uhr (= 3 Uhr Nachmittags) den Tod eintreten lassen, wäre somit beseitigt. Leider ist die Voraussetzung, daß die Syrer oder die Römer im gerichtlichen Gebrauch eine solche Stundenrechnung gehabt haben, vollständig unhaltbar, nicht nur unerwiesen, sondern im vollsten Widerspruch mit allen Thatsachen, die für den bürgerlichen Gebrauch des gesamten Altertums keine andere Berechnung der Stunden als die ab ortu et occasu solis zulassen. Die Versuche, den Widerspruch zu heben, die wir bei den alten Kirchenschriftstellern finden, bewegen sich daher auch in ganz anderen Bahnen. Wenig Anklang fand der vereinzelte Versuch, die ἕκτη ὥρα des Johannes durch Annahme eines Schreibfehlers zu beseitigen. Das Mittel war zu einfach, bot dem Scharfsinn zu wenig Spielraum und mußte von einem strengeren Inspirationsstandpunkt aus zu gerechten Bedenken Anlaß geben. Beliebter war ein zweiter von Augustin und nach seinem Vorgang von vielen christlichen Theologen des Mittelalters versuchter Weg, der darin bestand, daß man in dem Satze des Johannes ἦν δὲ παρασκευὴ τοῦ πάσχα, ὥρα δὲ ὡσεὶ ἕκτη dem Ausdruck παρασκευὴ τοῦ πάσχα eine ganz eigentümliche Bedeutung gab und denselben als Vorbereitung auf das wahre, neutestamentliche Passahopfer, nämlich auf den Opfertod Jesu Christi deutete. Wenn also Johannes sagt, es war „Vorbereitung auf das Passahopfer die sechste Stunde“, so hätte er mit der sechsten Stunde nicht die Tageszeit bezeichnen, sondern angeben wollen, daß in dem von ihm geschilderten Moment der Opfertod Christi schon seit 6 Stunden vorbereitet war. Die Ausführung des Beweises im einzelnen gebe ich im folgenden nach der Darstellung Bedas, dessen Wortlaut (Commentar zum Johannesevangelium VIII S. 828) meinen Zwecken besser entspricht, als die Darstellung seines Vorbilds Augustinus (de consensu Evangelistarum III, 50. Ausg. der Benediktiner III pars II S. 122 ff.):

Est et alia hujus solutio quaestionis, ut non hic accipiatur hora sexta diei, quia nec Joannes ait: Erat autem hora diei quasi sexta, sed ait: Erat autem **parasceve paschae** hora quasi sexta; parasceve autem latine praeparatio est. Sed isto verbo Graeco libentius utuntur Judaei in hujusmodi observationibus etiam qui magis latine quam graece loquuntur. Erat autem praeparatio Paschae. Pascha vero nostrum, sicut dicit apostolus, immolatus est Christus. Cujus Paschae praeparationem si ab hora noctis nona computemus (tunc enim videntur principes sacerdotum praenunciasse Domini immolationem, dicentes: „reus est mortis") —, profecto ab ea noctis hora quae nona fuisse convincitur usque ad horam diei tertiam, qua crucifixum esse Christum Marcus testatur, sex horae sunt, **tres nocturnae, tres diurnae**".

Es ist hier nicht unsere Aufgabe, den materiellen Wert dieses Vermittlungsversuches zu prüfen. Es springt in die Augen, daß die bildliche Erklärung von παρασκευή τοῦ πάσχα, die Beziehung dieses Ausdrucks auf den Opfertod Christi — also die eigentliche Grundlage des ganzen Erklärungsversuches — den größten Bedenken unterliegt, und zweitens daß die Annahme, daß diese Vorbereitung des Opfertods gerade Nachts um 9 Uhr ihren Anfang genommen, d. h. daß die Juden um diese Zeit den Ruf „er ist des Todes schuldig" ausgestoßen und somit den ersten, prinzipiellen Anfang zu seiner Hinrichtung gemacht hätten — jeglicher Begründung entbehrt. Der Wert, den die Stelle für unsern

Zweck hat, besteht darin, daß Augustin und Beda von dieser vorausgesetzten 9. Nachtstunde bis zur dritten Tagesstunde einen Zeitraum von 6 Stunden rechnen und daß Beda ausdrücklich hinzufügt: sex horae sunt, tres nocturnae, tres diurnae, wornach die Berechnung des Anfangs- und des Endpunktes außer allen Zweifel gesetzt wird.

Weitaus wichtiger für unseren Zweck ist nun aber ein dritter Versuch, den Widerspruch zu lösen, der wiederum von Augustin entwickelt und von Beda wiederholt wird, sofern Augustin im Zusammenhang den Begriff der Formel ὥρα ὡσεὶ ἕκτη zum Gegenstande der Besprechung macht, und ihn dahin erklärt, daß unter ὥρα ἕκτη nach dem gewöhnlichen Sprachgebrauch der Moment der abgelaufenen sechsten Stunde verstanden werden müßte, daß aber der Zusatz ὡσεὶ (etwa) es erlaube auch an einen etwas frühern Zeitpunkt, einen Zeitpunkt im Verlauf der sechsten Stunde, also zwischen 5 und 6 Uhr zu denken. Näher ausgeführt ist der Gedankengang, der dem Erklärungsversuch zu Grunde liegt, folgender:

„Die Angabe des Markus, Jesus sei um die 3. Stunde gekreuzigt worden — ἦν δὲ ὥρα τρίτη καὶ ἐσταύρωσαν αὐτόν — ist nicht von der wirklichen Kreuzigung zu verstehen, sondern von dem Ruf der Juden „Kreuzige, kreuzige ihn", der mittelbar den Kreuzestod veranlaßte, und daher bildlich als ein σταυροῦν bezeichnet werden kann. Es war also (nach Markus) 3 Uhr, als die Juden durch ihre, in die angegebenen Worte gekleidete Forderung den eigentlichen Anstoß zur Hinrichtung Christi gaben. Es war ὥρα ὡσεὶ ἕκτη, d. h. zwischen fünf und sechs Uhr (nach Joh. 19,14), als Pilatus noch einmal vor das Volk trat mit den Worten: „Sehet, das ist euer König". Unmittelbar darauf wurde Christus ans Kreuz geschlagen und genau um 6 Uhr trat dann die Finsternis ein, die bis 9 Uhr fortdauerte". Das ist der Gedankengang; der Wortlaut, in welchem er bei

Augustinus erscheint, ist folgender. (Augustin. a. a. O.
S. 122 ff.)

„Hora erat quasi sexta cum traditus est crucifigendus
a Pilato sedente, ut dictum est, pro tribunali. Non enim
jam plena sexta erat, sed quasi sexta, id est:
peractâ quintâ aliquid etiam de sexta esse coeperat.
Nunquam autem isti dicerent „quinta et quadrans", aut
„quinta et triens", aut „quinta et semis", aut aliquid hujusmodi. Habent enim istum morem scripturae, ut a parte
totum ponant, maxime in temporibus (folgen einige Beispiele
hiefür). Praesertim quia tum moderate idem Joannes locutus est, ut non diceret sexta, sed quasi sexta. Quodsi
ita non diceret, sed tantummodo sextam diceret,
possemus nos ita intellegere, quemadmodum loqui
solent scripturae, sicut dixi, a parte totum, ut
peractâ quintâ et inchoatâ sextâ gererentur haec,
quae narrata sunt in crucifixione Domini nostri, donec com-
pletâ sextâ illo pendente fierent tenebrae, quibus tres Evan-
gelistae adtestantur, Matthaeus, Marcus, et Lucas". Das
heißt also deutlich: Unter hora sexta versteht man nach
dem gewöhnlichen Sprachgebrauch den Zeitpunkt der abgelaufenen sechsten Stunde, und nur weil bei Johannes
ὡσεί dabei steht und weil die Schriftsteller des Neuen Te-
staments überhaupt gewöhnt sind, das Ganze zu nennen,
wo es sich nur um einen Teil handelt, nur darum sind
wir berechtigt, unter hora sexta an der Johannesstelle eine Zeit
zwischen 5 und 6 Uhr zu verstehen. Es kann also offenbar —
der Schluß ist zwingend — der gewöhnliche Sprachgebrauch
unter der Formel hora sexta nicht die laufende Stunde
verstanden haben, denn sonst hätte sich Augustinus am einfachsten eben darauf berufen. Ebenso urteilt nun Beda in
seinem Commentar zum Johannesevangelium (a. a. O.):

„Horam quasi sextam fuisse dicit, quando flagellatum
Dominum Judaeis stitit atque damnavit. Quid est ergo, quod

Marcus Evangelista dicit: „Erat autem hora tertia et crucifixerunt eum?" Nisi quia hora tertia crucifixus est Dominus linguis Judaeorum, hora sexta manibus militum, ut intelligamus, horam quintam jam fuisse transactam, et aliquid de sexta coeptum, quando sedit pro tribunali Pilatus, quae dicta est a Joanne hora quasi sexta, et cum duceretur ut ligno cum duobus latronibus configeretur, et juxta ejus crucem gererentur, quae gesta narrantur, hora sexta integra compleretur, ex qua hora usque ad nonam sole obscurato tenebras factas, trium Evangelistarum Matthaei, Marci, Lucae contestatur auctoritas". Es ist also auch für Beda selbstverständlich, daß hora sexta an und für sich als Endpunkt der Stunde gefaßt werden müßte und nur der Zusatz quasi bei Johannes bietet ihm eine Handhabe, die Verurteilung durch Pilatus noch in den Raum der laufenden sechsten Stunde unterzubringen und so die gewünschte Harmonie mit den Synoptikern herzustellen, welche zur sechsten Stunde schon die Finsternis beginnen lassen. Übrigens bedient sich Beda des Zusatzes quasi im selben Sinn auch für die oben erwähnte Lösung, die von der figürlichen Deutung des Wortes παρασκευή ausgeht. Denn unmittelbar nach den letzten der oben citirten Worte (Seite 113), tres nocturnae, tres diurnae fährt er fort: Unde in hac parasceve paschae, i. e. praeparatione immolationis Christi, quae ab hora noctis nona coepta erat, quasi sexta agebatur hora i. e. peracta quinta jam sexta currere coeperat, quando Pilatus tribunal adscendit. Adhuc enim erat ipsa praeparatio, quae ab hora noctis nona coeperat, donec fieret quae praeparabatur Christi immolatio, quae facta est hora secundum Marcum tertia non praeparationis sed diei, eademque sexta non diei sed praeparationis, sex utique horis a noctis nona usque ad diei tertiam computatis.

IX. Martialis IV. 8.

Nach dem mehr als zureichenden Material, das unsere bisherige Untersuchung zu Tage gefördert hat, wäre es gewiß überflüssig, das Beweisverfahren noch weiter fortzusetzen. Dagegen dürfte es von Interesse sein, auf der durch unsere Ergebnisse veränderten Grundlage das Bild des täglichen Lebens einer antiken Großstadt zu berichtigen, das durch die Voraussetzung, daß die Stundenangaben im Sinne der laufenden Stunde aufzufassen seien, in den bisherigen Darstellungen eine wenn auch kleine, doch immerhin merkliche Verzerrung erlitten hat. Ich gehe hiebei aus von dem bekannten Epigramm des Martial, welches in kurzen Strichen das tägliche Thun und Treiben des damaligen Roms mit Angabe der Tagesstunden skizzirt (Mart. IV. 8).

Prima salutantes atque altera conterit hora,
    Exercet raucos tertia causidicos:
In quintam varios extendit Roma labores,
    Sexta quies lassis, septima finis erit:
Sufficit in nonam nitidis octava palaestris,
    Imperat exstructos frangere nona toros:
Hora libellorum decima est, Eupheme, meorum,
    Temperat ambrosias cum tua cura dapes,
Et bonus aetherio laxatur nectare Caesar
    Ingentique tenet pocula parca manu.
Tunc admitte jocos: gressu timet ire licenti
    Ad matutinum nostra Thalia Jovem.

Merkwürdiger Weise hat man bis jetzt gerade in diesem Gedicht einen Hauptbeweis dafür erblickt, daß die Stundenformeln im Sinne der laufenden Stunde aufzufassen seien (Becker, Gallus II Exkurs von den Uhren; Ideler, Chronologie II, 13) und hat daher gemeint, die von Martial erwähnte coena der römischen Hauptstadt auf unser 2 Uhr Nachmittag fixiren zu müssen. Allein wenn man versucht, die genannte Auffassung für alle Angaben des Gedichts zu konsequenter Durchführung zu bringen, so ergibt sich eine Tagesordnung für die damalige römische Gesellschaft, die aufs kräftigste gegen eine derartige Voraussetzung protestirt. Man gewinnt nämlich folgendes Bild:

h. 0—2 Morgenbesuche,
„ 2—3 die Prozeßreden der Advokaten,
„ 3—4 verschiedene Beschäftigungen,
„ 5—6 quies lassis,
„ 6—7 finis!
„ 7—8 gymnastische Übungen,
„ 8—9 die Mahlzeit,
„ 9—10 hora libellorum.

Ein Blick genügt, um die Unmöglichkeit dieser Erklärung einzusehen. Es ist unmöglich, daß die Prozeßreden der Advokaten sich auf eine einzige Tagesstunde beschränkt haben sollen. Es war vielmehr etwas gar nicht seltenes, daß ein und derselbe Redner 5, 6, 7 Stunden ununterbrochen fortsprach, und wann er fertig war, so kam der Vertreter der Gegenpartei an die Reihe, der ebenfalls eine entsprechende Zeit für sich in Anspruch nahm. So finden wir in den Briefen des jüngeren Plinius einen Fall, wo in einem Kriminalprozeß zuerst Plinius 5 Stunden sprach, dann an demselben Tag der Vertreter der Gegenpartei Claudius Marcellinus. Am anderen Tag kamen der Reihe nach zum Wort: Salvius Liberalis, Cornelius Tacitus, Fronto Catius, und nur die einbrechende Dunkelheit machte der

Verhandlung ein Ende (Plin. ep. II, 11). Ein anderesmal redet derselbe Plinius in einem Zivilprozeß vor den Centumvirn 7 Stunden ohne Unterbrechung fort (ep. IV, 16). Der Kaiser M. Aurel ist mit dem Anhören der Sachwalter beschäftigt bis Abends 11 Uhr (in undecimam horam, Fronto ep. II, 14) und beklagt sich, daß die judicia ihm den ganzen Tag ausfüllen (ib. V, 59). Wie kann man nach solchen Zeugnissen, die sich beliebig vermehren ließen, annehmen, daß die Prozeßreden die einzige Vormittagstunde von 2—3 ausgefüllt hätten? Was soll ferner das rätselhafte sexta quies lassis, septima finis erit bedeuten, wenn die Zalen sich auf die laufende Stunde beziehen sollten? denn wenn Rom von 5—6 Uhr ruht, was heißt dann finis von 6—7 Uhr, finis von was? und wiefern eine ganze Stunde lang? Wenn ferner die octava, in der geturnt wird, der Zeitraum sein soll von 7—8 Uhr, was soll dann der müßige Zusatz „in nonam" bedeuten? Und diese sachlichen und sprachlichen Bedenken würden auch dann bestehen bleiben, wenn man die von Martial mehrfach gebrauchte Präposition „in quintam", „in nonam" in der Weise erklären wollte, daß hiedurch der betreffenden Thätigkeit eine Dauer nicht nur bis zum Anfang, sondern bis in den Verlauf der angegebenen Stunde hinein, sagen wir beispielsweise: bis zu ihrer Mitte, zugeschrieben werden sollte. Vielmehr würde durch die zwei Bestimmungen, daß das Turnen bis in die Mitte der nona hinein reichte und der Anfang der nona das Zeichen zum Essen gäbe, eine neue Verlegenheit entstehen. Allein dieser Auskunft steht auch die Thatsache entgegen, daß in der silbernen Latinität die Präposition „in" bei einem zeitlichen Terminus ganz identisch mit ad gebraucht wird, und nachdem uns die Inschrift von Lamasba zahlreiche Beispiele dieser Bedeutung von in gerade bei Stundenformeln geliefert hat, wäre es überflüßig, weitere Belege beizubringen. Es ist demnach unleugbar, daß die

Auffassung der Angaben des Martial, die von der laufenden Stunde ausgeht, ein richtiges Bild von dem römischen Tagesleben zu geben nicht im Stande ist. Versuchen wir es mit der entgegengesetzten Auffassung, die zu folgender Übersetzung führt:

„Um ein und zwei Uhr müssen sich die Salutatores abschinden. Drei Uhr setzt die Advokaten in Bewegung. Bis fünf Uhr hat Rom allerlei Geschäfte. Um 6 Uhr beginnt die Siesta, um sieben Uhr geht sie zu Ende. Acht bis neun Uhr ist hinreichende Zeit für gymnastische Übungen. Neun Uhr gibt das Zeichen, sich zu Tische zu begeben. Zehn Uhr ist dann der richtige Augenblick, dem Kaiser mein Buch zu überreichen."

Wenn man ins Auge faßt, daß Martial weit entfernt war, eine ausführliche und lückenlose Darstellung von der Tageseinteilung seiner Zeitgenossen geben zu wollen, die ja seinen Lesern ebenso gut bekannt war wie ihm selbst, daß er vielmehr nur eine geistreiche Einleitung beabsichtigte, um zu seinem eigentlichen Ziele zu kommen, nämlich zu der Bitte an den kaiserlichen Tafelmeister, dem Kaiser unmittelbar nach dem Essen die Gedichtsammlung des Martial zu überreichen oder vorzulesen, wenn man also davon ausgeht, daß der Dichter nichts anderes sagen will als: Alles hat seine Zeit, die rechte Zeit, meine Gedichte zu überreichen, ist die hora decima, wenn der Kaiser nach eingenommenem Essen in guter Laune sich befindet —, so wird man an den einleitenden Worten des Dichters in der von mir vertretenen Fassung nichts sachlich oder sprachlich unpassendes finden können.

Daß die Salutationes, die Besuche der Clienten bei ihren Schutzherrn, und überhaupt aller derjenigen, die Protektion suchten, bei den Vornehmen und Mächtigen, in die ersten Morgenstunden des Tages fielen, ist eine bekannte Sache. Zahlreiche Stellen der gleichzeitigen Literatur zeigen uns diese turba togata schon vor Sonnenaufgang unterwegs, um möglichst rechtzeitig in dem Atrium ihrer Gönner zu erscheinen. Wenn also diese Morgenbesuche die erste und zweite Tagesstunde auszufüllen pflegten, so wäre an und für sich die Auffassung der prima und altera hora des Martial als Zeitraums vollständig sinnentsprechend. Wenn wir aber bei den folgenden Angaben notwendig den Zeitpunkt der abgelaufenen Stunde zu Grunde legen müssen, wenn wir diese Bedeutung der Stundenformeln im bisherigen als die gewöhnliche und normale kennen gelernt haben, so werden wir auf die entsprechende Auffassung jener prima und altera nur dann verzichten, wenn wir müssen. Eine solche Notwendigkeit liegt aber in keiner Weise vor. Warum sollte der Dichter, dem ja doch nur daran lag, von jeder einzelnen hora etwas charakteristisches beizubringen, nicht sagen können „um ein und zwei Uhr schinden sich die Salutatores ab" oder eigentlich „ein und zwei Uhr schindet die S. ab?" Man macht die Stelle aus Festus (p. 245ª): prima aut secunda hora dicantur sponsalibus ominis causa, ut optima ac secundissima eveniant, für die entgegengesetzte Auffassung geltend [1], ich glaube, daß sie genau betrachtet für meine Erklärung spricht. Ich darf nach allem bisherigen als sicher annehmen, daß der weitaus überwiegende Sprachgebrauch die Stundenformeln als den Zeitpunkt der abgelaufenen Stunde auffassen ließ. Wenn man also im gewöhnlichen Leben ein Geschäft auf eine bestimmte hora ansetzte, wenn man sich auf eine bestimmte hora bestellte, so meinte man hora im Sinne von „Uhr" und nicht im

---

[1] Friedländer in seinem vortrefflichen Commentar zu Martial. Er billigt meine Erklärung für die folgenden Stundenangaben, meint aber für die prima und altera an dem Zeitraum festhalten zu müssen. Im übrigen bemerke ich, daß ich bei meiner früheren Abhandlung über die Martialstelle die Lesart atque altera continet hora zu Grund gelegt habe, während mir jetzt die Lesart conterit den Vorzug zu verdienen scheint.

Sinne von „Stunde". Es ist aber selbstverständlich, daß die schlimme oder gute Vorbedeutung an dem Wort und zwar an dem Wort in seiner gewöhnlichen und allgemeinen Bedeutung haftete. Wenn man also ominis causa die Verlobungsfeier auf die prima oder secunda hora ansetzte und die Zeugen auf diese Zeit einlud, so mußten, wenn die Vorbedeutung dieser Ausdrücke prima und secunda hora überhaupt wirksam werden sollte, doch wirklich die Zeitpunkte gemeint sein, die man allgemein mit jenen Ausdrücken zu bezeichnen pflegte. Mit einem Wort: Man setzte die Verlobungsfeiern nicht auf die erste und zweite Morgenstunde, sondern auf ein Uhr oder zwei Uhr Morgens an. Und wie in diesem Sinne Festus sagen konnte „prima aut secunda hora dicantur sponsalibus", so konnte in demselben Sinne auch Martial sagen „prima salutantes atque altera conterit hora".

Die nächste Zeile — exercet raucos tertia causidicos — will natürlich nichts anderes sagen, als daß um drei Uhr die Gerichtsverhandlungen beginnen. Damit stimmt, daß der lästige Schwätzer, der sich an Horaz anhängt (Sat. I, 9, 35), vor Gericht erscheinen muß quarta jam parte diei praeterita (= hora tertia). Andererseits soll damit nur der gewöhnliche Anfang der Gerichtsverhandlungen angegeben, nicht aber gesagt sein, daß dieselben in besonderen Fällen nicht auch schon früher beginnen konnten. Daß letzteres hie und da vorkam, geht aus manchen gelegentlichen Angaben der antiken Schriftsteller hervor (der Prozeß des Milo z. B. soll nach Asconius in Mil. p. 42. Orell. vor 2 Uhr angefangen haben). Auch ist es begreiflich, wenn für die Provinz andere Bestimmungen galten, als für die Großstadt Rom, die in Bezug auf die Verteilung und Anordnung der täglichen Geschäfte nicht nach dem Maßstab einer kleinen Landstadt behandelt werden konnte. In der Provinz scheint nur die erste und die letzte Tagesstunde und auch diese

nicht für alle Fälle von den gerichtlichen Verhandlungen
ausgenommen gewesen zu sein. In der lex Coloniae Juliae
Genetivae Urbanorum sive Ursonis (= Osuna in Hispania
Bätica) aus dem Jahr der Stadt 710[1] heißt es in dem
102. Kapitel, wo für die obersten Stadtmagistrate, die
Duovirn, und über die von ihnen auszuübende Criminal
gerichtsbarkeit Vorschriften gegeben sind: IIvir qui hac
lege quaeret, judiciumve exercebit, quod judicium uti uno
die fiat hac lege praestitutum non est, ne quis eorum ante
horam I neve post horam XI diei quaerito neque judicium
exerceto[2]. Im übrigen ist mit der Bestimmung, daß der
Magistrat vor 1 Uhr nicht mit der gerichtlichen Verhandlung beginnen dürfe, nicht gesagt, daß sie deswegen auch
regelmäßig um 1 Uhr begonnen habe, vielmehr ist es sehr
wohl möglich, daß dringende Ausnahmsfälle abgerechnet,
auch in der Provinz drei Uhr der gewöhnliche Anfangstermin
für die Verhandlungen war. Für Rom jedenfalls ist dieser
Anfangstermin um so einleuchtender, als man doch bei derartigen Bestimmungen auf die Bedürfnisse des Publikums
in erster Linie Rücksicht zu nehmen pflegt. Nun war das
römische Publikum im ersten Tagviertel durch die salutationes, durch die officia urbana und alle möglichen häus-
lichen Angelegenheiten in Anspruch genommen, es mußte
sich also empfehlen, gerade mit der hora tertia, die von
Alters her von dem Amtsdiener des Prätors abgerufen
und in späterer Zeit durch ein Hornsignal dem Publikum

---

[1] Herausgegeben und commentirt von Hübner Ephem. Epigr. 1875.
[2] Wenn Hübner zu dieser Angabe bemerkt a. a. O. S. 144: Scilicet exceptis causis iis, quos uno die perfici lex jubet, duovir judicium exercere vetatur ante horam primam et post undecimam. Quod ambiguum est utrum accipiendum sit de prima coepta et undecima expleta, an de prima expleta et undecima coepta —, so verstehe ich diese Fassung des Dilemmas nicht, warum nicht, wie es die allgemeine Analogie verlangt, beide horae als expletae?

noch kräftiger zum Bewußtsein gebracht wurde, die Verhandlungen zu beginnen, wie in späterer Zeit auch die christliche Kirche dieselbe hora tertia zum Anfangstermin des Gottesdienstes und namentlich zur gewöhnlichen Zeit der Messe gemacht hat.

Wenn nun Martial des weiteren fortfährt: In quintam varios extendit Roma labores, so läßt er, als etwas für seine Leser selbstverständliches, unerwähnt, daß mit der hora quinta die hauptstädtische Bevölkerung zum prandium überzugehen pflegte. Für dieses Mittagsmahl finden wir in unseren Quellen häufig die hora sexta erwähnt. Ein oft zitiertes Epigramm (Anthol. Pal. X, 43, auch in den Werken Lucians abgedruckt, epigr. 17):

Ἓξ ὧραι μόχθοις ἱκανώταται, αἱ δὲ μετ' αὐτὰς
Γράμμασι δεικνύμεναι ΖΗΘΙ λέγουσι βροτοῖς.

d. h. die Stunden 7. 8. 9. 10, wenn man sie mit Buchstaben schreibt, ergeben das Wort, die Mahnung: Ζῆθι —, und dazu das Scholion: δεῖ μέχρι τῆς ἕκτης τῆς ἡμέρας ἐργάζεσθαι, μετὰ δὲ ταύτην ἐπ' ἄριστον ἔρχεσθαι — legen hievon Zeugnis ab. Bei Alciphron ist ein Schmarotzer in Verzweiflung, weil ὁ γνώμων οὔπω σκιάζει τὴν ἕκτην und weil er weiß, daß Theochares, der Gastgeber οὐ πρότερον καταλαμβάνει τὴν στιβάδα πρὶν αὐτῷ τὸν οἰκέτην δραμόντα φράσαι, τὴν ἕκτην ἑστάναι (III, 4) und ein anderer Parasit ebendaselbst (III, 5) führt geradezu den bezeichnenden Namen ἐκτοδιώκτης. Auch in den späteren Klosterordnungen ist die sexta die Normalzeit für das Mittagessen. Zu gewissen Zeiten und in gewissen Kreisen scheint man aber die hora quinta bevorzugt zu haben. An einer anderen Stelle Alciphrons (III, 43) gehen die eingeladenen Gäste ἀμφὶ τὴν πέμπτην zu dem jungen, lebenslustigen Charikles zum Essen, nachdem sie vor dieser Zeit schon gebadet hatten. Dieselbe Zeit enthält ein Epigramm des Posidippus in der Anthologia Palatina (Jacobs I, 136):

τέσσαρες οἱ πάντες, ἐρωμένη, μή θ' ἑκάστῳ.
ὀκτὼ γιγνομένοις ἐν Δίῳ οὐχ ἱκανόν
παιδάριον, μάλιστα πρὸς Ἄριστον, εἰπὲ τὸ πρῶτον
ἡμιδεὲς πέμψαι γοῦν· γὰρ ἔσται δύο
ἰσμάλεως, οἶμαι δ' ὅτι καὶ πλέον ἀλλὰ τρώγαζε
ὥρας γὰρ πέμπτης πάντες ἀθροισόμεθα.

Augustinus sagt in den sermones 345, 5 (Benediktinerausgabe V. pars 1. 932 d): ille te vere divitem facit, qui tibi donat, ne in aeternum esurias. Nam quantumvis habeas, cum venerit hora quinta, antequam ad mensam accedas, esuris et deficis. Hieher gehört auch die verschnörkelte Angabe des Sidonius Apollinaris (Ed. Baret S. 324): Studiis hisce dum nostrum singuli quique, prout libuerat, occupabantur, ecce et ab archimagiro adventans, qui tempus instare curandi corpora moneret. Quem quidem nuntium, per spatia clepsydrae horarum incrementa servantem, probabat competenter ingressum quinta digrediens. Prandebamus breviter copiose. D. h. der Zeitpunkt der abgelaufenen 5. Stunde gab dem nuntius Recht und zeigte, daß er genau zur richtigen Zeit ankam. Die Zeit des prandium war also die abgelaufene quinta. Dasselbe lernen wir aus Ausonius. Er findet es (in seiner Ephemeris ed. bip. S. 58) an der Zeit die Zurüstungen zum Essen zu treffen, da die ersten vier Vormittagsstunden abgelaufen sind:

> Quod sol? cum per horas quattuor
> Inclinet ad meridiem,
> Monendus est jam Sosias.

Er ruft daher dem letzteren d. h. dem Koch die Mahnung zu:

> Sosia prandendum est; quartam jam totus in horam
> Sol calet: ad quintam flectitur umbra notam.

Das heißt: die Linie der hora quarta auf der Sonnenuhr, die vor kurzem noch beschattet war, ist von dem Schatten verlassen und der letztere wendet sich der quinta linea horaria zu, wenn er aber dieses Ziel erreicht hat, dann wird es Zeit zum Mittagessen sein.

Nehmen wir für das Mittagessen etwa eine Stunde in Anspruch, so folgt um 6 Uhr die bekannte meridiatio, die Siesta, deren Name jetzt noch an die hora sexta erinnert, mit der sie zeitlich zusammenzufallen pflegte. Von ihr sagt also Martial: sexta quies lassis, und wenn er hinzufügt, septima finis erit, so will das natürlich nichts anderes heißen, als daß er die durchschnittliche Dauer dieses — in südlichen Ländern weitaus nöthigeren und üblicheren — Mittagschlafes auf eine Stunde berechnet und denselben also um 7 Uhr, eine Stunde nach Mittag sein Ende nehmen läßt. Damit stimmt, was die Scriptores historiae Augustae von dem gewaltsamen Tod des Kaisers Alexander Severus berichten (Al. Sev. c. 61): Et cum quiesceret post convivium, hora diei ferme septima unus ex Germanis, qui scurrarum officium sustinebat, ingressus dormientibus cunctis, solo tamen imperatore intervigilante visus est. Wenn ferner Sueton von dem Regierungsantritt Neros sagt (Nero, 8): inter horam sextam septimamque processit ad excubitores, cum ob totius diei diritatem non aliud auspicandi tempus accommodatius videretur, so kann ich mir für den hier hervortretenden Gedanken, daß Nero eine an und für sich sehr unpassende Zeit gewählt habe, keinen anderen Grund denken, als daß man diese Stunde von 6—7 im allgemeinen als eine Zeit der Ruhe und nicht der Geschäfte betrachtete. Und wenn Cicero an einer bekannten Stelle (ad fam. VII, 30) über die Ernennung des Caninius zum Consul am letzten Dezember spottet, wenn er von ihm erzählt, daß er hora septima ernannt worden sei und dazu setzt: fuit enim mirifica vigilantia qui suo toto consulatu somnum non viderit, so scheint das speziell auf den Tagesschlaf zu gehen, denn warum sollte Caninius in der Nacht auf den 1. Januar nicht geschlafen haben, zumal da Cicero an jener Stelle den letzten Dezember nicht nach der Berechnung der römischen Juristen bis Mitternacht, sondern nach der populären An-

schauung bis zum anderen Morgen dauern läßt (usque ad
Kalendas Januarias, quae erant futurae mane postridie).
Originell und kühn ist der sprachliche Ausdruck, den
Martial im folgenden anwendet, wenn er fortfährt: Sufficit
in nonam nitidis octava palaestris, also die Worte octava
in nonam gleich: tempus ab octava in nonam, ganz wie
unser modernes acht bis neun Uhr gebraucht. Sachlich
aber stimmt die Angabe genau mit dem, was wir sonst
erfahren. Turnen und Bad — welch' letzteres an unserer
Stelle mit einverstanden werden muß — giengen der Hauptmalzeit voraus und mögen wohl im allgemeinen gerade die
Stunde vor der Malzeit eingenommen, also um 8 Uhr begonnen haben. So lesen wir bei Martial selbst (XI, 52):

> Cenabis belle, Juli Cerealis, apud me.
> Conditio est melior si tibi nulla, veni.
> Octavam poteris servare; lavabimur una:
> Scis quam sint Stephani balnea juncta mihi u. s. w.

und X, 48.

> Nuntiat octavam Phariae sua turba juvencae
> Et pilata redit jamque subitque cohors.
> Temperat haec thermas, nimio prior hora vapore
> Halat et immodico sexta Nerone calet.
> Stella, Nepos, Cani, Cerealis, Flacce venitis? u. s. w.

d. h.: der Isis verkünden ihre Priester die 8. Stunde. Die
Wache am Palatium wird abgelöst. Diese Stunde ist die
passendste fürs Bad (mit nachfolgendem Mahl). Um 7 Uhr
ist zu viel Dampf, um 6 Uhr sind die Neronianischen
Thermen noch überheiß.

Mit dem Beginn des letzten Viertels ging die antike Bevölkerung im Großen und Ganzen zur letzten und wichtigsten
Mahlzeit des Tages über. Mochten manche vielbeschäftigte
Leute erst später zum Essen kommen, wie namentlich Galenus von dem Kaiser Antoninus und seiner persönlichen Um-
gebung erzählt (de sanit. tuend. VII., Kühn VI, 404), mochten
viele je nach der Jahreszeit zwischen 9 und 10 Uhr abwechseln:

als eigentliche Normalzeit für die coena muß die nona betrachtet werden. Wir finden sie als solche bei Cicero (ad famil. IX, 26), bei Horaz (epist. I, 7, 71), und bei vielen anderen Schriftstellern in gleicher Weise. Namentlich aber spielt dann in weiterer Folge die hora nona als regelmäßige Zeit der coena in den Fastenordnungen der christlichen Kirche und in der Regelung des Klosterlebens eine ungemein wichtige Rolle. In der älteren christlichen Zeit unterschied man zweierlei Arten des Fastens, die strengere Art, wenn man bis Sonnenuntergang oder bis zum Sichtbarwerden der ersten Sterne gar nichts genoß und dann erst mit Anbruch der Nacht eine Mahlzeit zu sich nahm, und eine weniger strenge, wenn man sich auf die einzige Abendmahlzeit beschränkte und jentaculum und prandium wegfallen ließ. Nach und nach kam die strengere Art des Fastens ab und man begnügte sich mit der zweiten Art, welche, abgesehen vom delectus ciborum, in der Beschränkung auf eine einzige Mahlzeit bestand. Als Zeit für diese unica refectio galt dann durchaus die hora nona. Ich hebe aus der unendlichen Anzahl von Belegstellen einige wenige heraus:

Epiphanius, Expos. fid. XXII: καὶ δι' ὅλου μὲν τοῦ ἔτους ἡ νηστεία φυλάττεται ἐν τῇ αὐτῇ ἁγίᾳ καθολικῇ ἐκκλησίᾳ, φημὶ δὲ τετράδι καὶ προσαββάτῳ (am Mittwoch und Freitag), ἕως ὥρας ἐνάτης.

Prudentius. Cathemerinon VIII, hymnus post jejunium 3. und 4. Strophe:

>Nona submissum rotat hora solem
>Partibus vixdum tribus evolutis,
>Quarta devexo superest in axe
>>portio lucis.
>Nos brevis voti dape vindicata
>Solvimus festum, fruimurque mensis
>Adfatim plenis, quibus imbuatur
>>prona voluptas.

IX. Martialis IV, 8

Ebenderselbe περὶ στεφάνων VI: In honorem Fructuosi episcopi Tarraconensis. Fructuosus wird zum Märtyrertod geführt:

> Quosdam de populo videt sacerdos
> libandum sibi poculum offerentes:
> „Jejunamus, ait, recuso potum,
> nondum nona diem resignat hora,
> nunquam conviolabo jus dicatum
> nec mors ipsa meum sacrum resolvet."

Da nun in den Klöstern die Fasttage (dies jejunii, dies unicae refectionis) die Nichtfasttage (dies binae refectionis) weitaus überwogen, in manchen Klöstern fast eine Regel ohne Ausnahme bildeten, so verstehen wir es, wie ein solcher Mönch, der wohl in der Ascese stärker war als in der Etymologie, das Wort annona, Lebensmittel geradezu von ad nonam ableiten konnte [1]. Andererseits ist es begreiflich, wie im späteren Mittelalter, als der ascetische Zug von seiner früheren Kraft mehr und mehr verlor, die menschliche Schwachheit ein Hinausschieben der einzigen oder der Hauptmahlzeit auf Mitte Nachmittag immer schwerer ertrug. Man wollte nun einerseits die alten Fastenregeln nicht geradezu umstoßen, andererseits konnte man unmöglich die hora nona als solche vorrücken. Da aber der Ausdruck hora nona nicht nur den Zeitpunkt der abgelaufenen neunten Tagesstunde bezeichnete, sondern zugleich auch den gottesdienstlichen Akt, der ursprünglich auf diesen Zeitpunkt fiel, so verschob man diesen gottesdienstlichen Akt, die Nona als hora canonica und hielt sich für befugt, nach Celebrierung derselben zur unica refectio horae nonae überzugehen. So kommt es, daß wir etwa vom 13. Jahrhundert an in allen westeuropäischen Ländern, nicht etwa infolge einer ausdrücklichen kirchlichen Verordnung, sondern durch die stillschweigende Macht der Thatsachen, die Non von Mitte

---

[1] In der sogen. Regula Magistri c. 28. Holsten. codex Regularum I, S. 258.

Nachmittag auf Mittag verschoben finden, und daß demgemäß die Deutschen unter Nonzeit, die Italiener unter nona, die Franzosen unter nonne, die Engländer unter noon, alle samt und sonders und einstimmig die eigentliche Mittagszeit verstehen. Die letzte Ursache aber dieser eigentümlichen Erscheinung ist die aus dem Altertum herübergenommene Verknüpfung des Hauptessens mit der hora nona dici, das imperat exstructos frangere nona toros des Martial.

Auch die letzte Angabe des Gedichts „hora libellorum decima est, Eupheme, meorum", bekommt gewiß einen passenderen Sinn, wenn wir von dem Begriff der abgelaufenen Stunde ausgehend den Gedankengang des Dichters so verstehen: „Wenn der Hauptteil der Mahlzeit vorüber ist und die Genüsse der Tafel den Monarchen in eine wohlwollende Laune versetzt haben, also etwa eine Stunde nach Beginn der coena, um 10 Uhr, ist es Zeit, meine Gedichtsammlung zu überreichen", als wenn man an die laufende Stunde denken und dadurch die Beschäftigung des Kaisers mit den Epigrammen Martials auf die Zeit von 9—10 Uhr beschränken wollte. Ein solcher Gedanke lag dem Dichter gewiß ferne. Er will für die Überreichung seiner Gedichte an den kaiserlichen Gönner den richtigen Zeitpunkt beobachtet wissen. Je länger sich dann Domitian mit den überreichten Gedichten befassen wird, desto lieber wird es dem Dichter sein. Und was konnte auch für ein Grund vorliegen, mit der Lektüre gerade nach einer Stunde abzuschließen? War einmal die Hauptmahlzeit vorüber, so war nach allgemeiner römischer Anschauung das Tagewerk beschlossen, und der Rest des Tages war der Erholung gewidmet. Die Tischgesellschaft blieb bei einander und füllte je nach Bildungsgrad und Geschmacksrichtung die Zeit bis zum Schlafengehen mit mehr oder minder feiner Unterhaltung aus, bei der literarische und musikalische Vorträge häufig eine Hauptrolle spielten.

X. Hora prima canonica.

Was die bisherige Untersuchung durch positive Beweise aufgezeigt hat, daß die Stundenformeln die abgelaufene Stunde bezeichnen, ließe sich auch a priori als das überwiegend wahrscheinlichere nachweisen. Die Einrichtung der Uhren, der Sonnen- wie der Wasseruhren, war der Art, daß die abgelaufene Stunde durch einen Strich, also durch etwas positives, der Verlauf der Stunde durch den Zwischenraum zwischen zwei Strichen, also etwas rein negatives ausgedrückt war. Die eigentliche Aufgabe der Uhr, den Verfluß der Zeit zu messen, kam nicht in den Zwischenräumen, sondern in der Linieneinteilung zum sichtbaren Ausdruck, und wenn man noch weiter dazu nimmt, daß die vornehmen und reichen Römer sich durch einen besonderen Sklaven, den sogenannten horarius, die Tageszeit jeweilig melden ließen — der vorwiegende Gebrauch der Sonnenuhren machte eine Aufstellung des Instruments an einem Platz notwendig, den man nicht immer vor Augen hatte —, so wird es noch einleuchtender, daß der Sklave nicht einen Zeitraum, sondern nur einen eingetretenen Zeitpunkt abrufen konnte. Diese Reflexionen haben weniger den Zweck, das Gewicht unserer bisherigen Argumente zu verstärken, als vielmehr den, die charakteristischen Ausnahmen erklärlich zu machen, zu denen ich jetzt übergehe. Wenn es hauptsächlich die praktische Benützung der Uhr, beziehungsweise das Abrufen des horarius war, was die be-

sprochene Bedeutung der Stundenformeln veranlaßt hatte, so
kann es nicht auffallend sein, wenn bei späteren mittelalterlichen Schriftstellern, d. h. also in einer Zeit, in der die Uhren,
wie die Verwendung der vollständigen Stundenreihe aus dem
gewöhnlichen praktischen Leben verschwunden war, eine gewisse Unsicherheit in dem Gebrauch jener Ausdrücke gefunden
wird. Das waren ja häufig Leute, die die vollständige Stundeneinteilung nur aus der Litteratur kannten, ihr tägliches Leben
aber nur nach der compendiarischen Stundenteilung zu regeln
gewohnt waren, welche durch die kirchlichen horae gegeben
war. So bleibt zwar der Satz, den wir aufgestellt und bewiesen
haben, im großen Ganzen auch für das Mittelalter unbedingt
gültig, andererseits finden sich in der Litteratur jener Zeit
doch hie und da Stellen, welche von der allgemeinen Regel
abweichen. So teilt z. B. der fuldische Abt Rhabanus Maurus
in seinem Liber de computo (Baluzii misc. II, 62 ff.) ganz
wie oben Beda (S. 45) den Lichttag in die drei gleich langen
Teile: mane, meridies, supremum. Wenn er dies nun ins
einzelne ausführt: „Mane ab ortu usque ad horam quartam.
Meridies pars media diei ab hora quinta usque ad horam
octavam; supremum pars diei extrema ab hora nona ad occasum
solis pertingens", so hat er offenbar einen und denselben Zeitpunkt das einemal mit hora quarta, das anderemal mit hora
quinta bezeichnet, d. h. also das einemal mit der abgelaufenen,
das anderemal mit der beginnenden Stunde, und hat das
gleiche Verfahren dann beim Beginn der suprema durch den
Wechsel zwischen hora octava und nona wiederholt. Eine
derartige Ausdrucksweise mag bei den mittelalterlichen Schriftstellern, die wir nicht weiter zu berücksichtigen brauchen,
vielleicht nicht so gar selten sein. Aus dem eigentlichen
Altertum ist mir nur ein einziges Beispiel aufgestoßen, wo
eine derartige Ausdrucksweise vorzuliegen scheint, und zwar
in der inschriftlich erhaltenen lex metalli Vipascensis, welche
aus den ersten Jahrhunderten der Kaiserzeit stammt und

X. Hora prima canonica.

Anordnungen für ein spanisches Bergwerk (metallum Vipascense) enthält[1]. Das dritte Kapitel gibt unter der Überschrift balinei fruendi eine Vorschrift für den Pächter des daselbst eingerichteten Bades, wornach das Bad für die Weiber offen sein soll in horam septimam, für die Männer ab hora octava an. „Conductor balinei ... balineum ... omnibus diebus calfacere et praestare debeto a prima luce in horam septimam diei mulieribus et ab hora octava in horam secundam noctis viris. Es wäre möglich, daß zwischen die Benützung durch die Weiber und die durch die Männer eine Pause von einer Stunde fiele, die man sich durch Reinigung der Lokalitäten u. dgl. ausgefüllt denken kann. Wahrscheinlicher aber ist es, daß hier wirklich die hora septima als completa, die hora octava als coepta aufzufassen ist. Stände bei der zweiten Angabe „incipiente" oder etwas ähnliches dabei, dann wäre die Ausdrucksweise nicht ohne Analogien (Siehe oben S. 2). So aber steht sie tausend normalen Stellen als eine vereinzelte Ausnahme gegenüber, sie gehört also zu denjenigen Ausnahmen, von denen man zu sagen pflegt, daß sie die Regel bekräftigen.

Bei einer einzigen Stunde dagegen treten die Ausnahmen von unserer Regel verhältnismäßig so häufig auf, daß sie eine besondere Beachtung in Anspruch nehmen und eine besondere Erklärung erfordern. Sie betreffen die hora prima. Dieser Ausdruck muß nach unserer Regel den Zeitpunkt bezeichnen, der von dem Moment des Sonnenaufgangs durch eine Stunde getrennt ist. Wir haben die Formel in dieser ihrer correkten Bedeutung namentlich in dem Kapitel von den Uhren zur Genüge constatiert. Dort konnte kein Zweifel sein, daß der Ausdruck den Schluß der ersten Tagesstunde bedeutet, und mit besonderer Deutlichkeit brachte das Verfahren, welches Macrobius schildert, aus der gegebenen Größe der Sonnen-

---

[1] Publiziert von Hübner, Ephem. epigr. 1877.

bahn den Durchmesser der Sonne selbst abzuleiten, den Unterschied zwischen Sonnenaufgang = hora 0 und hora prima zum Bewußtsein. Daß der Ausdruck nicht identisch sein kann mit Sonnenaufgang, daß er vielmehr mit dem Schluß der ersten und Anfang der zweiten Stunde zusammenfällt, wo er correkt gebraucht wird, geht auch aus einer Stelle Diodors hervor, wo er (III, 48) von den Äthiopen redet und von den Erscheinungen, welche in jenen Tropenländern den Aufgang der Sonne begleiten. Τὸν δ' ἥλιον οὐχ ὥσπερ παρ' ἡμῖν βραχὺ πρὸ τῆς ἰδίας ἀνατολῆς προαποστέλλειν τὸ φῶς, ἀλλ' ἔτι νυκτὸς οὔσης σκοταίου παραδόξως ἄφνω φανέντα ἐκλάμπειν· διὸ καὶ μηδέποθ' ἡμέραν ἐν ἐκείνοις τοῖς τόποις γίνεσθαι πρὶν ὀραθῆναι τὸν ἥλιον . . , πρὸς δὲ τούτοις μήτ' αὐγὴν ποιεῖν μήτ' ἀκτῖνας βάλλειν ἄχρι πρώτης ὥρας, φαινομένου πυρὸς ἀλαμποῦς ἐν σκότει· δευτέρας δ' ἀρχομένης ἀσπιδοειδῆ γίνεσθαι καὶ τὸ φῶς βάλλειν ἀπότομον καὶ πυρῶδες καθ' ὑπερβολήν.

Allein neben diesem correkten Gebrauch der Formel findet man nun verhältnismäßig recht häufig hora prima in einem Zusammenhang, wo es nichts anderes als Tagesanfang und geradezu Sonnenaufgang bezeichnet. Ja es hat diese Bedeutung des Worts zuletzt die kirchliche Sanktion erhalten, indem der ursprünglichen Reihe der horae canonicae: matutina, tertia, sexta, nona, vespera an zweiter Stelle nach der Matutin eine prima eingereiht wurde, und zwar, wie sich aufs beste beweisen läßt, im Sinne von Sonnenaufgang. So tritt merkwürdigerweise in die Reihe der übrigen Horen, die sämtlich die Rechnung nach abgelaufenen Stunden voraussetzen, eine einzige herein, die vom entgegengesetzten Standpunkt aus verstanden werden muß, und die bei neueren Theologen (wie z. B. bei Bellarmin) wesentlich dazu beigetragen hat, die richtige Auffassung der übrigen zu erschweren oder unmöglich zu machen. Der Widerspruch besteht und muß anerkannt werden, wir werden aber sehen, daß er durch einen incorrekten Sprachgebrauch, der längst vor der Einführung der hora prima canonica bestand, genügend vorbereitet war.

Die angeführten Umstände werden es rechtfertigen, wenn ich in der Sammlung der Belege keine Ausführlichkeit scheue. In einer Krankengeschichte aus Galen, die oben (S. 40 ff.) mitgeteilt wurde, trat der erste Anfall des Tritäus am ersten Tage ἕωθεν ein, d. h. um hora 0, wie die Berechnung mit Hilfe der folgenden Anfälle mit Sicherheit ergiebt. Bei einer vorläufigen Ankündigung dieser Krankengeschichte erlaubt sich aber Galenus doch dieses ἕωθεν mit ὥρα πρώτῃ zu umschreiben. „κατὰ γοῦν αὐτὴν ταύτην, ἣν νῦν προχειριζόμεθα, μίξιν τοῦ τριταίου πρὸς τὸν καθ᾽ ἡμέραν παροξυνόμενον οὐδά ποτε περὶ μὲν πρώτην ὥραν εἰσβάλλοντα παροξυσμὸν ἀκριβῶς τριταίου, κατὰ δὲ τὴν ἕκτην τοῦ καλουμένου πρὸς τῶν νεωτέρων ἰατρῶν ἰδίως καθημερινοῦ." Derselben Inkonsequenz macht sich Manilius schuldig, denn am Schluß jenes oben (S. 25) mitgetheilten Passus, wo die hora sexta so überaus deutlich die μεσημβρία ἀκριβής repräsentirt, indem sie geradezu zur Bezeichnung des Meridians gebraucht wird, heißt es:

> Atque ubi se primis extollit Phoebus ab undis,
> Illis sexta manet, quos tum premit aureus orbis.
> Rursus ad Hesperios sexta est, ubi cedit in umbras;
> Nos primam ac summam sextam numeramus utraque,
> Et gelidum extremo lumen sentimus ab igne.

Sehen wir die Sonne — so will Manilius sagen — an unserem Osthorizont aufgehen, so bringt sie jenen östlichen Völkern, deren Meridian sie eben durchläuft, Mittag = hora sexta, und ebenso, wenn sie in unserem Westhorizont verschwindet, den westlichen. Wir aber rechnen, was bei den beiden, um 90 Längegrade von uns entfernten Meridianen 6 Uhr ist (sextam verbinde ich mit utraque, andere lesen utramque), das einemal als prima, nämlich wenn der Osten 6 Uhr hat, das anderemal als summa = ultima hora, nämlich wenn der Westen 6 Uhr hat und dann empfangen wir den letzten, beziehungsweise den ersten kraftlosen Strahl der scheidenden, bezw. kommenden Sonne. Es geht nicht, die prima und summa hora hier allgemein als die erste und letzte laufende Tagesstunde zu nehmen, denn da für den Schriftsteller die hora sexta ein Zeitpunkt ist, so muß auch die hiemit verglichene hora prima ein solcher sein. Sie kann aber eben kein anderer sein, als der Moment des Sonnenaufgangs, wie mit hora summa der Sonnenuntergang gemeint ist. Ganz ähnlich, wie Manilius, drückt sich an einer, wie es scheint, etwas verdorbenen, dem Sinn nach aber hinlänglich verständlichen Stelle Geminus in seiner Isagoge c. 13 aus (ed. Halma S. 64), wo er zuerst auseinandersetzt, daß Orte unter demselben Parallelkreise gleich lange Tage und Nächte und sonst gleiche Erscheinungen haben und dann mit den Worten fortfährt: αἱ μέντοι γε ἀρχαὶ τῶν ἡμερῶν καὶ αἱ τελευταὶ οὐχ ἅμα πᾶσι γίγνονται, ἀλλὰ οἷς μὲν πρότερον, οἷς δὲ ὕστερον. καὶ ἔστιν ἡ παρὰ πᾶσιν α΄ ὥρα παρ᾽ ἄλλοις μέσον ἡμέρας οὖσα, παρ᾽ οἷς δὲ δύσις οὖσα. Man wird in dem letzten Satz kaum einen andern Sinn finden dürfen als den, den Kleomedes in einem ähnlichen Zusammenhang (κυκλ. θεωρία II, 1) kürzer ausdrückt mit den Worten: ἄλλοτε παρ᾽ ἄλλοις ὁ ἥλιος ἀνίσχει καὶ δύεται καὶ μεσουρανεῖ, und wird in dem „α΄ ὥρα" demgemäß eine Umschreibung von ἀνατολή vermuten müssen. Vielleicht ist zu lesen: καὶ ἔστι δὴ παρά τισι πρώτη ὥρα ἡ παρ᾽ ἄλλοις μέσον ἡμέρας οὖσα, παρ᾽ οἷς δὲ δύσις οὖσα.

Von Geminus gehe ich über zu Apulejus, der Metam. XI, 20 erzählt, wie er durch einen nächtlichen Traum gemahnt morgens in aller Frühe zu seinem Beschützer, dem Isispriester, eilt, um in dem Tempel der Erfüllung einer frohen Verheißung entgegenzusehen. „Sic anxius et in proventum prosperiorem attonitus templi matutinas apertiones opperiebar. Ac dum velis candentibus reductis in diversum deae venerabilem conspectum apprecamur et per dispositas aras circumiens sacerdos rem divinam procurans supplicamentis solemnibus deae e penetrali fontem petitum spondeio libat: rebus jam rite consummatis **inchoatae lucis salutationibus religiosi primam nuntiantes horam perstrepunt**. Et ecce superveniunt etc. etc. Es wäre hier gewiß gewaltsam und dem Sinne des Schriftstellers zuwider, unter dem primam horam nuntiare etwas anderes zu verstehen, als eben die salutatio inchoatae lucis, die Begrüßung des wieder erstandenen Tageslichts. Es war dies eine Art von Isismette, zu der sich in der Frühe des Morgens die Isisanbeter und vorzugsweise die Isisanbeterinnen einfanden. Ein zweiter Gottesdienst versammelte dann gegen den Abend die Gläubigen um 8 Uhr, nach dem Zeugnisse Martials X, 48.

>Nunciat octavam Phariae sua turba juvencae.

und beide faßt Tibull zusammen I, 3, 31 f.

>Bisque die resoluta comas tibi dicere laudes
>Insignis turba debeat in Pharia.

Zwei bekannte in Pompeji aufgefundene, jetzt im Musco Burbonico zu Neapel befindliche Wandgemälde sind von Böttiger auf diesen Früh- und Abendgottesdienst der Isisgläubigen gedeutet worden.

Nicht ganz selten kommt die Formel „ἀπὸ πρώτης ὥρας ἄχρι δυσμῶν" vor im Sinn: „von morgens bis abends", „von Sonnenauf- bis Untergang". Lydus de mensibus IV, 68 erzählt von den afrikanischen Ichthyophagen: ὑπὸ τοίνυν τούτοις τοῖς ὄρεσι λίμναι εἰσὶν εἰς ἄπειρον πλατύτητος ἡπλωμέναι. παροικεῖ δὲ αὐτὰς γένος ἀνθρώπων τῶν λεγομένων Ἰχθυοφάγων, ὅπερ ἀπὸ πρώτης ὥρας ἄχρι δυσμῶν ἡλίου ἐν τῷ ὕδατι διατρίβει καὶ τοῖς ἰχθύσι τρέφεται. Auch in der sprichwörtlichen Redensart „ἀπὸ πρώτης", in einem alten Lexikon = οἷον ἐξ ἀρχῆς (Boissonade Anecd. I, 29) erklärt, wird wohl ὥρας zu ergänzen sein. Ganz wie bei Lydus steht die Formel „ἀπὸ πρώτης ὥρας ἕως ἑσπέρας" unverkennbar im Sinn: von morgens bis abends bei Josephus, Arch. VI, 14, 6 fin.: διέμειναν δὲ οἱ σὺν τῷ Δαυίδῃ, καὶ αὐτοὶ ἀναιροῦντες ἀπὸ πρώτης ὥρας ἕως ἑσπέρας, ὡς μὴ περιλειφθῆναι τῶν Ἀμαληκιτῶν πλείονας ἢ τετρακοσίους, καὶ οὗτοι δὲ δρομάσι καμήλοις ἐπιβάντες διέφυγον. ἀνέσωσε δὲ τἄλλα πάντα ἃ διήρπασαν αὐτῶν οἱ πολέμιοι, καὶ τάς τε αὐτοῦ γυναῖκας καὶ τὰς τῶν ἑταίρων. Die Stelle ist selbstverständlich der Bibel nacherzählt und zwar nach 1. Sam. 30, 17 und 18, wo es heißt: „Und David schlug sie von dem Morgen an bis an den Abend gegen den andern Tag, daß ihrer keiner entrann, ohne 400 Jünglinge, die fielen auf die Kamele und flohen. Also errettete David alles, was die Amalekiter genommen hatten und seine zwei Weiber". An eine Entlehnung aus einer anderen Quelle zu denken, die etwa die genauere Zeitbestimmung „von der 1. Stunde" im technischen Sinn gehabt hätte, ist um so weniger zu denken, weil ja die Geschichte in einer Zeit spielt, die der Einführung der Stundenrechnung weit vorausgeht.

Zu einer ganzen Reihe von Stellen, die hora prima im Sinne von πρωΐ gebrauchen, hat die Parabel von den Arbeitern im Weinberge Anlaß gegeben. Im Urtext werden die Arbeiter ausgeschickt ἅμα πρωΐ, περὶ τρίτην, ἕκτην, ἐννάτην, ἑνδεκάτην. Darüber bemerkt nun z. B. Hieronymus in seinem Commentar zu Matth. 20: Mihi videntur primae horae esse operarii Samuel et Jeremias et Baptista Joannes, qui possunt cum Psalmista dicere: ex utero matris meae (= dem ersten Anfang des Lebens) Deus meus es tu. Tertiae vero horae operarii sunt, qui a pubertate servire Deo coeperunt. Sextae horae, qui matura aetate susceperunt jugum Christi. Nonae, qui jam declinante ad senium. Porro undecimae, qui ultima senectute; et tamen omnes pariter accipiunt praemium licet diversus labor sit. Sunt qui hanc parabolam aliter edisserant: Prima hora volunt missum esse in vineam Adam et reliquos patriarchas usque ad Noe. Tertia ipsum Noe usque ad Abraam. Sexta ab Abraam usque ad Moysen. Nona ipsum Moysen et Prophetas, undecima apostolos . . . . .

Si iniquus est pater familias, non in uno iniquus est, sed in omnibus: quia non sic laboravit tertiae horae operarius, quomodo ille qui a prima hora est missus in vineam. Man sieht, daß Hieronymus, obwohl er mit πρωΐ entschieden den Begriff des Anfangs, des Sonnenaufgangs verbindet, (seine eigene Erklärung und das Bild ex utero matris beweisen dies) doch dasselbe ohne weiteres mit hora prima identificirt, so daß letzterer Ausdruck den Anfangspunkt der ersten Stunde bezeichnet. Andererseits ist ihm die hora sexta ebenso sicher = Mittag, gleich dem Endpunkt der sechsten Stunde hier wie an anderen Stellen, wie z. B. in seiner Erklärung zu Matth. 27, 45, wo er die rationalistische Deutung der Finsternis bei der Passion Christi von der 6. bis zur 9. Stunde, als wäre es ein gewöhnliches, zufälliges Naturereignis gewesen, mit den Worten bekämpft: Et ne forsitan videretur umbra terrae, vel orbis lunae soli oppositus breves et ferrugineas fecisse tenebras, trium horarum spatium ponitur ut omnis causantium occasio tolleretur. Et hoc factum reor ut compleretur propheta dicens (Amos 8, 9) „Occumbet sol meridie et contenebrabitur super terram in die lux". Et in alio loco (Jerem. 15, 9) „Occubuit sol cum adhuc media esset dies". Denselben Sprachgebrauch findet man ferner bei Irenäus I, 1, 3, wo er die Zahlenspielereien der Gnostiker anführt: ἀλλὰ καὶ ἐπὶ τῆς παραβολῆς τῶν εἰς τὸν ἀμπελῶνα πεμπομένων ἐργατῶν φασι φανερώτατα τοὺς τριάκοντα τούτους Αἰῶνας μεμηνῦσθαι. πέμπονται γὰρ οἱ μὲν περὶ πρώτην ὥραν, οἱ δὲ περὶ τρίτην, οἱ δὲ περὶ ἕκτην, οἱ δὲ περὶ ἐννάτην, ἄλλοι δὲ περὶ ἑνδεκάτην. Συντιθέμεναι οὖν αἱ προειρημέναι ὧραι εἰς ἑαυτὰς τὸν τῶν τριάκοντα ἀριθμὸν ἀναπληροῦσι. Μία γὰρ καὶ τρεῖς καὶ ἓξ καὶ ἐννέα καὶ ἕνδεκα τριάκοντα γίνονται. Ebenso in der Geschichte von Barlam und Joasaph (Boissonade, Anecdota IV, 258): διὰ ταῦτα γὰρ καὶ τοῖς περὶ πρώτην καὶ τρίτην, ἕκτην τε καὶ ἐννάτην καὶ ἑνδεκάτην ὥραν προσελθοῦσι τῷ ἀμπελῶνι κατ' ἴσον ἀφορίζεται ὁ μισθός.

Mit Bezug auf die Thatsache daß die Beratung der Hohepriester, Ältesten und Schriftgelehrten, welche die Einleitung zur Verurteilung und Kreuzigung Christi bildete, εὐθέως ἐπὶ τὸ πρωΐ stattfand (Marc. 15, 1, Luc. 22, 66 u. s. w.), sagt Beda in seinen Meditationes Passionis Christi, unter der Überschrift „Meditatio horae primae": Hora prima corde doloroso et moesto meditaberis, qualiter mane facto convenerint Judaei ad consilium suum et ducitur ibi afflictus nimis dominus tuus dilectus Jesus. Und ähnliche Beziehungen zwischen dieser Thatsache aus der Passion und der hora prima kann man dann weiterhin bei allen Theologen des Mittelalters finden. Sie mußten sich zu der Identificierung von mane und hora prima um so mehr berechtigt fühlen, als ja damals längst die kirchliche Sanktion dieser Gleichung durch die Einführung der hora prima canonica erfolgt war. Es ist also an der Zeit, auf diese letztere überzugehen.

Die ältesten Zeugnisse wissen von einer hora prima als Gebetsstunde nichts, sondern neben der tertia sexta nona kennen sie nur eine Andacht morgens zum Anfang und eine abends zum Beschluß des Tages, die erstere unter dem Namen matutina, die zweite unter dem Namen vespera. Aus praktischen Gründen, vielleicht im Zusammenhang mit den Fastengesetzen wurde die Vesper schon ziemlich früh von dem eigentlichen Abend in den Tag zurückgeschoben, so daß dann ein Gebetsakt als Abschluß des ganzen Tagewerks vermißt wurde: so entstand im 5. Jahrhundert die completa oder das completorium. Ebenso mag aus praktischen Gründen die Matutin, die ohnehin etymologisch mehr an die Periode des Hellwerdens, als gerade an den Punkt des Sonnenaufgangs gebunden war, in die früheste Morgenzeit gerückt worden sein, wo sie sich dann mit den Nokturnen zu einem einzigen gottesdienstlichen Akt vereinigte. Die ohne Zweifel ursprünglich nicht beabsichtigte, aber thatsächlich eintretende Folge war die, daß in manchen Klöstern die Mönche nach der Beendigung des Officium nocturnum ihre Schlafstätten wieder aufsuchten und dann bis zum Officium der Terz weiterschliefen. Um diesen Mißstand zu beseitigen, soll nun nach dem Berichte Cassians die hora prima als neue Gebetsstunde eingeführt worden sein, zunächst in dem Bethlehemitischen Kloster, dessen Insasse er selbst gewesen war, dann in weiterer Folge in der ganzen abendländischen Kirche, und zwar erfahren wir ausdrücklich, daß für diesen Gebetsakt die Zeit des Sonnenaufgangs vorgesehen war (Cass. institut. III, 4): „Decretum est a senioribus, ut usque ad solis ortum fessis corporibus refectione concessa, invitati posthaec religionis hujus observantia cuncti pariter e suis stratis consurgerent ac tribus psalmis et orationibus celebratis et somno deinceps finem et initium operationi facerent." Diese Zeit, die sich hier bei der Stiftung als die normale ausspricht, ist auch in der weiteren Folge immer als die regelrechte angesehen worden. „Orto sole Prima pulsatur", sagt die Karthäuserregel Holsten. Codex regularum II, 323), und in einem „Dialogus inter Cluniacensem et Cisterciensem monachum" (geschrieben zwischen 1153 u. 1174, herausgegeben von Martene thesaur. nov. anecdot. V, 1602) heißt die Frage: Quae est competens hora matutinarum et quae est competens hora celebritatis Primae? und die Antwort: Ortus aurorae est competens hora matutinarum laudum, quod innuunt verba hymni ista: „Aurora cursus provehat" et ortus solis est competens hora Primae, quod notat hymnus ejusdem horae „jam lucis orto sidere".

Die auffallende Thatsache, daß in dem System der kanonischen Horen alle anderen Stunden als abgelaufene, die prima allein als beginnende aufgefaßt werden muß, wird nun allerdings zum Voraus dadurch gemildert, daß die Entstehungszeit der Prima erst ins 5. Jahrhundert, also mehrere Jahrhunderte später fällt, als die der übrigen. Allein da wir dieselbe incorrekte Verwendung des Ausdrucks hora prima bei viel früheren Schriftstellern gleicherweise constatirt haben, muß doch für die Erklärung dieser eigentümlichen Erscheinung weiter ausgeholt werden. Dieselbe liegt in der Verbindung zweier Thatsachen, einer sprachlichen und einer kulturgeschichtlichen. Es ist bekannt, daß das Wort ὥρα, ehe es zu der technischen Bedeutung Zwölftel eines Tages gelangte, ganz allgemein die Zeiten des Jahres wie auch des Tages bezeichnete. Von einer ὥρα δείπνου, ἀρίστου und ähnlichem sprachen die Griechen längst, ehe sie mit der Stundenrechnung bekannt wurden, und Sokrates konnte, ohne von der ziemlich späteren Stundenrechnung eine Ahnung zu haben, nach Xenophon (Memor. IV, 7), der Jugend anempfehlen, sich mit der Astronomie bekannt zu machen μέχρι τοῦ νυκτός τε ὥραν καὶ μηνὸς καὶ ἐνιαυτοῦ δύνασθαι γιγνώσκειν. Diese allgemeinere Bedeutung des Wortes ist auch in späterer Zeit nicht verschwunden und da nun weiter in dem Wort πρῶτος ganz entschieden der Begriff des ersten Anfangs lag, so konnte an und für sich betrachtet der Ausdruck πρώτη ὥρα für den eigentlichen Anfang des Tages noch passender erscheinen, als für einen erst eine Stunde nach Sonnenaufgang eintretenden Zeitpunkt. Dazu kam nun, daß der Moment des Sonnenaufgangs sich mit einer anderen Stundenformel überhaupt nicht gut ausdrücken ließ. Den Ausdruck hora null kennt das Altertum nicht, und den Moment des Sonnenaufgangs mit hora duodecima noctis auszudrücken, was sachlich richtig gewesen wäre, mußte dem natürlichen Gefühl widerstreben[1], weil man durch jenen Ausdruck einen Zeitpunkt, der nach allgemeiner Auffassung zum Tag gehörte, gewissermaßen als einen Teil der Nacht behandelt hätte. So entstand in der Nomenclatur eine

---

[1] Das wird man wohl sagen dürfen, wenn auch, wie die Inschrift von Lamasba zeigt, in gewissen Zusammenhängen dieser Ausdruck nicht vermieden wurde.

Lücke, in welche sich der Ausdruck ὥρα πρώτη um so leichter eindrängen konnte, wenn man annehmen darf, daß derselbe sich schon in einer Zeit gebildet hatte, wo man von der technischen Stundeneinteilung noch nichts wußte. Und diese Annahme ist in der That nicht ohne Berechtigung. Die oben (S. 137) nachgewiesenen Ausdrücke: ἀπὸ πρώτης, ἀπὸ πρώτης ὥρας ἕως ἑσπέρας, ἕως δυσμῶν machen ganz den Eindruck, als ob sie mehr die allgemeine als die technische Bedeutung von ὥρα voraussetzten. In diesem Sinn war die πρώτη ὥρα der Gegensatz nicht zu der δωδεκάτη, oder zu irgend einer anderen mit einem Tagzwölftel zusammenfallenden Zeit, sondern der Gegensatz zu der in ähnlichem Sinne gemeinten ὥρα ἐσχάτη τῆς ἡμέρας, von welcher Stobäus redet (Floril. περὶ σωφρ. E. 67. Meineke I 127), indem er den zum Tode verurteilten Sokrates lobt, daß er mit dem Trinken des Giftbechers οὐ προσέμενε τῆς τρίτης ἡμέρας τὴν ἐσχάτην ὥραν παρατηρῶν εἰ ἔτι ἥλιος ἐπὶ τῶν ὀρῶν[1]. Wenn also auf der Grundlage dieses allgemeinen Sprachgebrauchs der Ausdruck ὥρα πρώτη für den ersten Tagesanfang und speziell für Sonnenaufgang als ganz natürlich erscheinen muß, so war er andererseits nach Einführung der Stundenrechnung höchst bedenklich, weil innerhalb des Stundensystems Sonnenaufgang mit hora 0 diei oder duodecima noctis zusammenfiel und der Ausdruck hora prima von rechtswegen einem eine Stunde später erst eintretenden Zeitpunkt zukam. Wir sehen daher auch, daß die genaueren Schriftsteller, namentlich in Zusammenhängen, wo der Gedanke an die Zeitmesser und ihre technische Einrichtung im Vordergrund lag, den Ausdruck durchaus correct gebrauchen. Andrerseits wirkte der alte Sprachgebrauch und die etymologische

---

[1] Wohl mit Rücksicht auf eine vorauszusetzende altattische Bestimmung „ἥλιος ἐπὶ τῶν ὀρῶν ἐσχάτη ὥρα ἔστω", die wiederum der Bestimmung der duodecim tabulae „sol occasus suprema tempestas esto" als Vorbild gedient haben wird.

Bedeutung der beiden in dem Ausdruck vereinigten Wörter
so mächtig fort, daß es fast wunderbar gewesen wäre, wenn
der an und für sich richtige und nur durch eine zufällige
Fügung unpassend gewordene Gebrauch des Ausdrucks sich
nicht forterhalten hätte und da und dort zum Vorschein gekommen wäre. Dazu kommt nun eine weitere kultur-
historische Thatsache, die namentlich für die Erklärung der
hora prima canonica von Wichtigkeit ist. Wir haben oben gesehen, daß neben der vollständigen Stundeneinteilung eine alte
Vierteilung des Tags, auf dem römischen Forum entstanden,
sich allmälig über das römische Reich ausdehnte, wie auch
daß die bürgerliche Obrigkeit Veranstaltung traf, durch
vernehmbare Signale diese Vierteilung für die Regelung
des praktischen Lebens nutzbar zu machen. Die Stellen
aus Tertullian lassen diese Thatsache, von der sich merkwürdiger Weise so wenige Spuren erhalten haben, als un-
zweifelhaft erscheinen, und dies um so mehr, als die christ-
lich-kirchliche Form, welche die Einrichtung nach und nach
annahm, eine allgemein bekannte, offenkundige Sache ist.
Die Uhren, die die vollständige Stundenreihe zeigten, Sonnen-
und Wasseruhren, blieben im ganzen Altertum auf die Kreise
der Reicheren und Vornehmeren beschränkt, und kamen dem
gemeinen Mann höchstens da zu gute, wo eine von Ge-
meinde wegen aufgestellte Uhr vorhanden war. In der
Regel wird er aber nicht einmal das Bedürfnis gehabt haben,
seine Zeit nach so kleinen Bruchteilen zu regeln, ihm genügte die Vierteilung, die durch das Hornsignal viel kräftiger
zu seinen Sinnen sprach, als die Wanderung des Schatten-
punkts auf der Sonnenuhr, oder das Steigen des Wassers in
der Klepsydra, Erscheinungen, die ohnehin nur in unmittel-
barster Nähe bemerkbar waren, also einen besonderen Gang
notwendig machten, zu dem der gemeine Mann keine Zeit
hatte. So kam es, daß für die gewöhnliche Bevölkerung
die Stundeneinteilung in der Praxis ganz zurücktrat hinter

der Vierteilung des Tags, daß also von allen den Stunden, welche die Uhr zeigte, für ihn nur die tres illae horae, quae diem distribuebant, quae negotia distinguebant, quae publice resonabant, die Terz, Sext und Non in Betracht kamen. Auf dieser Grundlage, auf welcher außer den drei genannten alle übrigen Stunden in Wegfall kamen, also namentlich die hora prima im eigentlichen und technischen Sinn, wurde der sprachliche Ausdruck hora prima wieder frei und konnte ohne Anstand seiner etymologischen Bedeutung entsprechend wieder für den ersten Anfang des Tages, für Sonnenaufgang, gebraucht werden. Es ist also sehr erklärlich, wenn sich in den Kreisen der bisher genannten Gesellschaft der Ausdruck in dieser Bedeutung bildete, bezw. forterhielt und nachträglich, als im 5. Jahrhundert die prima hora canonica eingeführt wurde, ohne Anstand officielle Gültigkeit erhielt, trotzdem daß er eigentlich zu den vorhandenen Ausdrücken hora tertia, sexta und nona nicht paßte.

Noch besser als durch alle bisherigen Reflexionen wird sich aber der Sprachgebrauch, der uns beschäftigt, durch eine Analogie erklären. Es zeigt sich nämlich genau dieselbe Erscheinung in den antiken Formeln für die Gradbezeichnung, welche auch sonst dasselbe Problem darbieten, das bisher für die Stundenformeln besprochen worden ist. Wenn nämlich die Astronomen sagen (Hipparch ad phän. I, 10), „ὁ μὲν γὰρ ἐν ἄκρᾳ τῇ οὐρᾷ τοῦ δράκοντος ἐπέχει, ὡς κατὰ παράλληλον κύκλον, τοῦ λέοντος μοῖραν τρίτην" und ähnlich tausendemale, so würde sich auch hier die Frage erheben, ob dabei die dritte μοῖρα als ausgedehnte Linie vom Ende der zweiten bis zum Ende der dritten μοῖρα gemeint ist, oder nur der Endpunkt der letzteren. Es hat nun wohl noch niemand bezweifelt, daß die letztere Auffassung die allein richtige ist. Aber auch der Beweis, wenn er nötig sein sollte, läßt sich rasch erbringen. Es ist eine bekannte Thatsache, daß Aratus die Jahrpunkte in den Anfang

(0°) der Tierzeichen: Widder, Krebs, Wage und Steinbock legte, daß dagegen sein Vorgänger Eudoxus dieselben mit der Mitte der betreffenden Dodekatemorien zusammenfallen ließ. Letztere Lage wird in der dem Hipparch zugeschriebenen Schrift „ad Arati et Eudoxi phänomena" (Petavii Uranolog. III. S. 105. 119 und öfters) bezeichnet mit dem Ausdruck „κατὰ μέσα τὰ ζῴδια κεῖται τὰ τροπικὰ καὶ ἰσημερινὰ σημεῖα". Nach anderen Schriftstellern legte er die Punkte auf die μοῖρα πεντεκαιδεκάτη. So sagt Achilles Tatius (II, 23): βούλονται δὲ τροπὴν αὐτὸν ποιεῖσθαι (die Sonne) οἱ μὲν περὶ τὰς ἀρχάς, οἱ δὲ περὶ ὀγδόην μοῖραν, οἱ δὲ περὶ ιβ', οἱ δὲ περὶ ις' τοῦ καρκίνου. Um zu beweisen, daß die Erde im Verhältnis zum ganzen Kosmos nur einen Punkt darstellt, daß in Folge davon immer genau 6 Dodekatemorien über dem Horizonte sichtbar sind, und daß auch nicht der kleinste Teil eines Grades davon fehlt (μηδὲ πολλοστὸν μοίρας), führt Kleomedes an (κυκλ. θεωρ. I, 11; II, 2), es gebe zwei Sterne, die einander genau im Durchmesser gegenüber stehen, und immer genau zu gleicher Zeit den Horizont kreuzen, der eine aufgehend der andere untergehend. Ὁ μὲν γὰρ τοῦ Σκορπίου, ὁ δὲ τοῦ Ταύρου τὴν πεντεκαιδεκάτην ἐπέχει μοῖραν. Es muß also dieser 15. Grad beidesmal entsprechend unserem Ausdrucke den Endpunkt des Grads bedeuten, weil im andern Sinne dem 15. Grad des Scorpions als genaues Gegenüber nicht der 15. Grad des Stiers, sondern der 16. entsprechen würde und umgekehrt. Im 3. Buche des Almagests, im 4. Kapitel findet man eine Berechnung zunächst von Hipparchus angestellt und dann von Ptolemäus bestätigt, wornach das Apogeum der Sonne dem Sommersolstitialpunkt vorausgeht um 24 und ½ Grad — τὸ δ' ἀπόγειον αὐτοῦ προηγούμενον τῆς θερινῆς τροπῆς τμήμασιν κδ' Ν' ἔγγιστα, οἷον ἐστὶν ὁ διὰ μέσων τῶν ζῳδίων κύκλος τξ' (Halma I 184 und ebenso 187: 24 Grad und 30 Minuten). — Nach dieser Berechnung fiel also das Apogeum auf 5½° Zwillinge

X. Hora prima canonica.

nach unserer Ausdrucksweise. Das gleiche finden wir nun auch bei den alten Schriftstellern z. B. bei Theon Smyrnäus (Expos. rer. math. ed. Hiller S. 157. 161. 164 und öfters): ὅπερ φαίνεται ποιῶν κατὰ τὴν πέμπτην ἡμίσειαν μάλιστα μοῖραν τῶν Διδύμων, und vom Perigeum (ebenda): ἅτινα πάλιν φαίνεται ποιούμενος κατὰ τὴν πέμπτην ἡμίσειαν μοῖραν τοῦ Τοξότου. Im Grund würde schon der Gebrauch des Bruches einen genügenden Beweis enthalten, so bald man die Gewißheit hat, daß das ἡμίσειαν additiv gemeint ist. Dies ist aber in unzähligen Beispielen der Fall. So sagt Hipparch in der angeführten Schrift zu Arats Phänomena (I, 29) von verschiedenen Sternen des Arkturus: „ὁ μὲν γὰρ ἐπὶ τῆς κεφαλῆς ἀστὴρ ἐπέχει Χηλῶν περὶ μοῖραν ἐκκαιδεκάτην καὶ δίμοιρον (16²/₃). ὁ δὲ ἐν τῇ ζώνῃ λαμπρὸς ἐπέχει Χηλῶν περὶ μοῖραν ιδ΄ καὶ γ΄΄ (14¹,₃⁰) und so öfters. Demgemäß müsste die πρώτη μοῖρα unserem 1⁰, nicht unserem 0⁰ entsprechen. Und so ist es in der That bei den genaueren Schriftstellern. Um ein Beispiel von vielen anzuführen: Im IX. Buch der μεγάλη σύνταξις, im Anfang des 7. Kapitels spricht Ptolemäus von einer Beobachtung des Merkurs bei seiner größten östlichen Elongation, die er zu 21¹/₄ Grad angibt, und drückt sich dabei folgendermaßen aus: Τότε δὲ καὶ διοπτευόμενος (Merkur) πρὸς τὴν λαμπρὰν ὑάδα, ἐπέχων ἐφαίνετο κατὰ μῆκος ἰχθύων μοῖραν πρώτην. Ἀλλὰ κατὰ τὸν ἐκκείμενον χρόνον ἡ μέση τοῦ ἡλίου πάροδος ἐπεῖχεν ὑδροχόου μοίρας θ΄ S΄΄ δ΄΄ (9⁰¹/₂¹/₄). ἡ μεγίστη ἄρα τῆς μέσης ἀπόστασις ἑσπερία γέγονεν κα΄ καὶ δ΄΄ μοιρῶν. Neun ³/₄ Grad von den 30 Graden des Wassermannes abgezogen geben 20¹/₄⁰. Wenn also der Abstand des Merkurs vom mittleren Sonnenort zu 21¹,₄⁰ berechnet wird, so ist die μοῖρα πρώτη korrekt als 1⁰ der Fische und nicht als 0⁰ genommen. Für 0⁰ sagen Hipparch, Ptolemäus und andere Schriftsteller, wie Achilles Tatius in der vorhin angeführten Stelle, immer: ἐν ἀρχῇ, κατ' ἀρχὴν τοῦ δωδεκατημορίου. Allein andere weniger bedenkliche Schriftsteller erlauben sich dafür auch den Ausdruck περὶ πρώτην μοῖραν zu gebrauchen. Eine bekannte Stelle bei Columella (d. r. rust. IX) lautet: Nec me fallit Hipparchi ratio, quae docet solstitia et aequinoctia non octavis (wie es im julianischen Jahr war) sed **primis partibus signorum** confici. Dieselbe Ausdrucksweise finden wir bei Manilius, wenn er über die Lage der Jahrpunkte sagt III, 680:

> Has quidem vires octava in parte reponunt;
> Sunt quibus esse placet decimas; nec defuit auctor
> Qui primae momenta daret frenosque dierum.

und bei dem Scholiasten zu Aratus (Phänom. 511—514): Ἀμφότεραι δὲ αἱ ἰσημερίαι ἐν αὐτῷ γίνονται, αἱ ἡμέραι δηλαδή ἴσαι ταῖς νυξίν. ἰσοῦνται γὰρ περὶ μόνας **τὰς πρώτας μοίρας**. Ganz besonders häufig gebraucht Geminus diesen unrichtigen Ausdruck. Z. B. (Kap. 1. Petav. S. 3): Ἐαρινὴ μὲν οὖν ἰσημερία γίνεται περὶ τῶν ἀνθέων ἀκμήν, ἐν κριοῦ μιᾷ (πρώτῃ?) μοίρᾳ. τροπὴ δὲ θερινὴ γίνεται περὶ τὴν τῶν καυμάτων ἐπίτασιν ἐν καρκίνου μιᾷ μοίρᾳ . . . . . καὶ ἐπὶ τὴν πρώτην μοῖραν τοῦ καρκίνου παραγινόμενος τὴν θερινὴν ποιεῖται . . . . καὶ ἐπὶ τὴν πρώτην μοῖραν τῶν χηλῶν παραγινόμενος (ὁ ἥλιος) τὴν φθινοπωρινὴν ἰσημερίαν ποιεῖται . . . καὶ ἐπὶ τὴν πρώτην μοῖραν παραγενόμενος ὁ ἥλιος τοῦ αἰγόκερω τὴν χειμερινὴν τροπὴν ποιεῖται. Von der Ekliptik sagt er (a. a. O. c. 4. S. 12) „οὗτος δὲ ἐφάπτεται δύο κύκλων ἴσων τε καὶ παραλλήλων. τοῦ μὲν θερινοῦ τροπικοῦ κατὰ τὴν τοῦ καρκίνου πρώτην μοῖραν, τοῦ δὲ χειμερινοῦ τροπικοῦ κατὰ τὴν τοῦ αἰγόκερω πρώτην μοῖραν, τὸν δὲ ἰσημερινὸν δίχα τέμνει κατὰ τὴν τοῦ κριοῦ πρώτην μοῖραν καὶ κατὰ τὴν τοῦ ζυγοῦ πρώτην μοῖραν". Im 5. Kapitel (S. 15) spricht er vom Ab- und Zunehmen der Tage, die Tage seien länger als die Nächte in 6 Zeichen (Widder, Stier, Zwillinge, Krebs, Löwe, Jungfrau) „ὅπερ ἡμικύκλιον τοῦ ζῳδιακοῦ κύκλου ἀπὸ πρώτης μοίρας κριοῦ μέχρι παρθένου μοίρας λ΄ βόρειόν ἐστι". Kürzer als die Nächte in den 6 übrigen „ὅπερ πάλιν ἡμικύκλιον τοῦ ζωδιακοῦ κύκλου ἀπὸ ζυγοῦ πρώτης μοίρας μέχρι ἰχθύων μοίρας λ΄ νότιόν ἐστιν. παραύξησις δὲ ἡμερῶν γίνεται ἀπὸ πρώτης μοίρας αἰγόκερω μέχρι διδύμων μοίρας τριακοστῆς . ., παραύξησις δὲ νυκτῶν γίνεται ἀπὸ καρκίνου πρώτης μοίρας μέχρι τοξότου μοίρας λ΄΄. Es ist also in den letzteren Bestimmungen 30° sagittarius mit 1° caper, und 30° gemini mit 1° cancer identificirt, d. h. es steht 1° = 0°. Zweifellos meint auch Macrobius den Anfang des Widders, wenn er sagt (Somn. Scip. I. 6,50): ponamus ergo sole in prima parte arietis constituto ab ipsius ut ita dicam orbe emersisse lunam, quod eam nasci vocamus: haec post viginti septem dies et horas fere octo ad primam partem arietis redit sed illic non invenit solem u. s. w.

Nachdem wir auf diese Weise bei den astronomischen Gradformeln und bei den Stundenformeln genau dieselben Erscheinungen nachgewiesen haben, konstatiren wir 1) daß nach der antiken Anschauung von einer decima u. s. w. pars und einer decima u. s. w. hora dann geredet wird, wenn die pars und die hora completae sunt. Insofern sind beides Endpunkte, die decima pars Endpunkt im räumlichen, die decima hora im zeitlichen Sinn. Eine charakteristische Belegstelle für die allgemeine Tendenz der antiken Sprachen, diesen Sinn mit den entsprechenden Ausdrücken zu verbinden, bietet Macrobius, der VI. 58 bis 61 von 3 Perioden spricht, die gleichmäßig in je 4 Teile zerfallen. Diese drei Perioden sind 1) conversio anni secundum solem; 2) mensis secundum lunam; 3) diei secundum ortum et occasum. Jede dieser Perioden zerfällt in 4 Teile, von denen der erste den Charakter der Feuchtigkeit, der zweite den der Hitze, der dritte den der Trockenheit, der vierte den der Kälte an sich trägt. Da heißt es nun: tertia vero conversio, quae est diei secundum ortum et occasum, ita disponitur, quod humida sit usque ad primam de quattuor partibus partem diei, calida usque ad secundam, sicca usque ad tertiam, quarta jam frigida. Man sieht, daß in diesem Fall auch die prima pars sich dem allgemeinen Gesetz fügt. Es ist aber 2) zu konstatieren daß sowohl die prima pars als die prima hora häufig eine Ausnahme macht, indem diese Ausdrücke von dem Anfang des ersten Teils, bezw. der ersten Stunde gebraucht werden. Dieser Mißbrauch ist sprachlich und psychologisch erklärlich, weil sich mit dem Ausdruck πρῶτος und primus der Begriff des Anfangs verbindet, und eine Bezeichnung für Null den antiken Sprachen nicht zu Gebote stand. Es ist aber dennoch ein Mißbrauch, der zu schweren Bedenken Anlaß bot, sobald man sich klar machte, daß auf diese Weise nach der prima pars gleich noch einmal eine prima pars, und ebenso auf die πρώτη ὥρα noch einmal eine πρώτη ὥρα folgte. Genauere Schriftsteller haben daher diese Ausdrucksweise auf beiden Gebieten in der angegebenen Weise vermieden.

XI. Nachtrag.

Die philologische Frage, in welchem Wortsinne die antiken Stundenformeln aufzufassen sind, ob im Sinne der laufenden Stunde — was bisher die gewöhnliche Auffassung war — oder im Sinne der abgelaufenen Stunde, entsprechend unserer modernen Ausdrucksweise, dürfte hiemit in unzweifelhafter Weise gelöst sein. Die weitere Frage, wie nun die einzelne Stundenangabe je nach der Jahreszeit, der sie angehört, und je nach der geographischen Breite, für welche sie gegeben ist, in moderne Zeit umzuwandeln ist, gehört in das Gebiet der mathematischen Geographie und könnte hier ganz unerörtert bleiben, wenn sie nicht auch eine Behandlungsweise zuließe, die die Aufmerksamkeit des Philologen und Kulturhistorikers in einem gewissen Grade in Anspruch nimmt. Das Maß des längsten Tages für eine gegebene Breite zu bestimmen war eine Aufgabe, mit der sich die antike Wissenschaft mit um so grösserem Eifer beschäftigte, weil sie in jenem Maß von Anfang an das eigentliche, charakteristische Merkmal zur Erkennung und Bezeichnung einer geographischen Breite gesucht und gefunden hatte. Man sagte „der Parallelkreis von 14, 14^1/$_2$, 15, 15^1/$_2$ Stunden" u. s. w. und verstand darunter denjenigen Parallelkreis, unter welchem der längste Tag die angegebene Länge erreichte, und so finden wir überall in der antiken Literatur, wo der Zusammenhang auf eine wissenschaftliche Behandlung der geographischen Breite führte, mehr oder minder ausführliche Listen über das Maß des längsten Tages an den verschiedenen Punkten der damals bekannten Welt. Die ausführlichste Liste dieser Art gibt Ptolemäus im Almagest. (II, 6. Halma I, 76 ff.), indem er vom Aequator von Viertelstunde zu Viertelstunde nach Norden vorschreitet.

1. Parallel 12 Stunden. Der Äquator.
2. „ $12^{1}/_{4}$ „ Durch die Insel Taprobane.
3. „ $12^{1}/_{2}$ „ Durch den Avalitischen Meerbusen.
4. „ $12^{3}/_{4}$ „ Durch den Adulitischen Meerbusen.
5. „ 13 „ Durch Meroe.
6. „ $13^{1}/_{4}$ „ Durch Napata.
7. „ $13^{1}/_{2}$ „ Durch Syene.
8. „ $13^{3}/_{4}$ „ Durch Ptolemais in der Thebais.
9. „ 14 „ Durch Unterägypten.
10. „ $14^{1}/_{4}$ „ Mitten durch Phönizien.
11. „ $14^{1}/_{2}$ „ Durch Rhodus.
12. „ $14^{3}/_{4}$ „ Durch Smyrna.
13. „ 15 „ Durch den Hellespont.
14. „ $15^{1}/_{4}$ „ Durch Massilia.
15. „ $15^{1}/_{2}$ „ Mitten durch den Pontus.
16. „ $15^{3}/_{4}$ „ Durch die Donauquellen.
17. „ 16 „ Durch die Mündung des Borysthenes.
18. „ $16^{1}/_{4}$ „ Mitten durch den Mäotissee.
19. „ $16^{1}/_{2}$ „ Durch den südlichsten Teil von Britannien.
20. „ $16^{3}/_{4}$ „ Durch die Mündungen des Rheins.

21. Parallel.	17 Stunden.		Durch die Mündungen d. Tanais (?).
22. „	17¹/₄	„	Durch Brigantium in Großbritannien.
23. „	17¹/₂	„	Mitten durch Großbritannien.
24. „	17³/₄	„	Durch Katuraktonium in Britannien.
25. „	18	„	Durch den Süden von Kleinbritannien.
26. „	18¹/₂	„	Durch die Mitte von Kleinbritannien.

Ähnliche Listen finden sich bei Strabo (Geographie II, 34 ff.), bei dem älteren Plinius (h. n. VI, 34), bei Martianus Capella (VIII, 877), und namentlich wird auch in der Geographie des Ptolemäus (VIII, 3 ff.), wo der Gesichtspunkt ein etwas anderer ist, als im Almagest, für alle größeren Städte die längste Dauer des Tages angegeben.

War nun für irgend einen Ort das Maß des längsten Tages bekannt, so hatten die Alten eine Methode, daraus die Taglänge auch für die übrigen Jahreszeiten abzuleiten, die allem Anscheine nach in den gebildeten Kreisen des ganzen Altertums bei derartigen Berechnungen zu Grunde gelegt wurde, wenn sie auch der Natur der Sache nach keine ganz richtigen Resultate ergeben konnte, und die auch wir zu Grunde legen können, sowie es sich nicht um eine ganz genaue Berechnung handelt. Diese Theorie ist am einfachsten und klarsten von Kleomedes (in seiner κυκλικὴ θεωρία μετεώρων I, 6) entwickelt[1], indem er sagt:

---

[1] Damit stimmen Martianus Capella VIII, 878 und Manilius, Astron. III, 443 ff.; auch Plutarch, de anim. procr. e Timaeo c. 31. hat ganz dieselbe Berechnung im Kopfe, wenn er auch in der Anwendung in einen Fehler verfällt. Er legt nämlich dieselbe Differenz zwischen dem kürzesten und dem längsten Tag zu Grunde, läßt nun aber die Zunahme des Tages im ersten Monat nach dem Wintersolstitium ¹/₆, im 2. Monat ¹/₃,

„Die Zunahme der Tage und der Nächte schreitet aber nicht jeden Tag in gleicher Weise fort, sondern, wenn der Tag einmal angefangen hat zu wachsen, so nimmt er im ersten Monat um den 12. Teil der Differenz zu, die zwischen dem größten und dem kleinsten Tag besteht, im 2. Monat um den sechsten Teil, und im 3. Monat um den vierten Teil. Im vierten Monat beträgt die Zunahme dann wieder ein Viertel, im 5. ein Sechstel, im 6. ein Zwölftel. Wenn also beispielsweise die Differenz zwischen dem längsten und kürzesten Tag 6 Stunden beträgt, so macht das an Zunahme für den Tag aus: im 1. Monat $1/2$ Stunde, im im 2. eine Stunde, im 3 $1^{1}/_{2}$ Stunde, zusammen 3 Stunden in dem 3 monatlichen Zeitraum; im 4. Monat wieder $1^{1}/_{2}$ Stunde, im 5. eine Stunde, im 6. eine halbe Stunde. Das macht also im Ganzen 6 Stunden, gleich der Differenz zwischen dem längsten und kürzesten Tag". Man sieht, daß die Alten auf die Zunahme des Tags in den drei Monaten zwischen Winterwende und Frühlingsäquinoktium die Proportion $1:2:3$ und auf die Zunahme desselben in den folgenden drei Monaten die umgekehrte $3:2:1$ anwandten. So zerfiel die ganze zwischen dem kürzesten und dem längsten Tag einzuholende Differenz in $1+2+3+3+2+1 = 12$ Teile, die unter die 6 Monate in dem angegebenen Verhältnis $1/12$, $2/12$, $3/12$, $3/12$, $2/12$, $1/12$ zu verteilen waren. Wenn wir nun von dieser Methode, welche

im 3. Monat $1/2$ dieser Differenz betragen, und bemerkt nicht, daß auf diese Weise schon nach drei Monaten die ganze Differenz eingeholt wäre ($1/6 + 1/3 + 1/2 = 1$), also schon drei Monate nach dem Wintersolstitium die Sommerwende eintreten müßte. Man sieht daraus, daß dem Plutarch ganz dieselbe Berechnung vorschwebte, wie sie oben Kleomedes entwickelt und daß er nur dadurch in einen Fehler verfällt, daß er die Differenz auf 3 statt auf 6 Monate vertheilen will. Seine Zahlen sind richtig, wenn man für die Zahl $1/6$ den 1. und 6. Monat, für die Zahl $1/3$ den 2 und 5; für die Zahl $1/2$ den 3. und 4. Monat zusammen nimmt.

dem ganzen Altertum genügte, wenn auch keine absolut richtigen, so doch annähernde Resultate uns versprechen dürfen, so haben wir darin ein einfaches Mittel für jeden Ort, dessen Taglänge zur Zeit der Sonnenwende bekannt ist, auch für die übrigen Jahreszeiten die Tag- und damit die Stundenlänge abzuleiten, indem wir die Differenz zwischen dem kürzesten und längsten Tag in der angegebenen Proportion 1:2:3 auf die Monate zwischen Solstiz und Äquinoktium und in der umgekehrten Proportion 3:2:1 auf die Monate zwischen Äquinoktium und Solstiz verteilen. Die Orte, die für die antiken Stundenangaben in erster Linie in Betracht kommen, sind Alexandria, Athen und Rom. Alexandria liegt nach der übereinstimmenden Annahme des gesamten Altertums unter dem Parallel von 14 Stunden. Für Athen und Rom gibt Plinius die Dauer des längsten Tages zu $14^2/_3$, beziehungsweise zu $15^1/_9$ Stunden an. Es betragen also die Differenzen zwischen dem längsten und kürzesten Tag für Alexandria 4 Stunden, für Athen 5 Stunden 20 Minuten, für Rom 6 Stunden $13^1/_3$ Minuten. Zerlegt man nun diese Differenzen in Zwölftel, und verteilt diese Zwölftel in dem Verhältnis 1:2:3 auf die Monate zwischen Sonnenwende und Äquinoktium, in dem umgekehrten Verhältnisse 3:2:1 auf die Monate zwischen Äquinoktium und Sonnenwende, so ergeben sich für jeden Beobachtungsort zunächst die Taglängen für sieben Tage im Jahr: 1) für den längsten Tag, 2) einen Monat nachher, 3) zwei Monate nachher, 4) für das Frühlingsäquinoktium, 5) einen Monat nachher, 6) zwei Monate nachher und 7) für den kürzesten Tag, d. h. wenn wir uns hier die Wenden mit 1. Juli und 1. Januar, die Äquinoktien mit 1. Oktober und 1. April zusammenfallend denken dürfen: für 1. Juli, 1. August, 1. September, 1. Oktober, 1. November, 1. Dezember und 1. Januar. Läßt man nun jede der gefundenen Taglängen zugleich für die vorhergehende und für die folgende

Monatshälfte gelten, so bekommen wir für die drei genannten Orte folgende Tabellen, aus denen der Zeitwert für die einzelnen Horen durch das ganze Jahr hindurch mit einer Genauigkeit zu ersehen ist, die für die gewöhnlichen philologischen Zwecke nicht viel zu wünschen übrig lassen wird.

XI. Nachtrag.

Tageszeit für Alexandria.	Mitte Juni bis Mitte Juli.		Mitte Juli bis Mitte August. / Mitte Mai bis Mitte Juni.		Mitte August bis Mitte September. / Mitte April bis Mitte Mai.		Mitte September bis Mitte Oktober. / Mitte März bis Mitte April.		Mitte Oktober bis Mitte November. / Mitte Februar bis Mitte März.		Mitte November bis Mitte Dezember. / Mitte Januar bis Mitte Februar.		Mitte Dezember bis Mitte Januar.	
Längster Tag 14 Stunden.	h.	m.	h.	m.	h.	m.	h.	m.	h.	m.	h.	m.	h.	m.
Länge des Tags	14.	—	13.	40.	13.	—	12.	—	11.	—	10.	20.	10.	—
Länge der St.	1.	10.	1.	$8^{1}/_{3}$.	1.	5.	1.	—	—	55.	—	$51^{2}/_{3}$.	—	50.
hora 0.	5.	—	5.	10.		30.	6.	—	6.	30.	6.	50.	7.	—
1.	6.	10.	6.	$18^{1}/_{3}$.	6.	25.	7.	—	7.	25.	7.	$41^{2}/_{3}$.	7.	50.
2.	7.	20.	7.	$26^{2}/_{3}$.	7.	40.	8.	—	8.	20.	8.	$33^{1}/_{3}$.	8.	40.
3.	8.	30.	8.	35.	8.	45.	9.	—	9.	15.	9.	25.	9.	30.
4.	9.	40.	9.	$43^{1}/_{3}$.	9.	50.	10.	—	10.	10.	10.	$16^{2}/_{3}$.	10.	20.
5.	10.	50.	10.	$51^{2}/_{3}$.	10.	55.	11.	—	11.	5.	11.	$8^{1}/_{3}$.	11.	10.
6.	12.	—	12.	—	12.	—	12.	—	12.	—	12.	—	12.	—
7.	1.	10.	1.	$8^{1}/_{3}$.	1.	5.	1.	—	1.	55.	12.	$51^{2}/_{3}$.	12.	50.
8.	2.	20.	2.	$16^{2}/_{3}$.	2.	10.	2.	—	1.	50.	1.	$43^{1}/_{3}$.	1.	40.
9.	3.	30.	3.	25.	3.	15.	3.	—	2.	45.	2.	35.	2.	30.
10.	4.	40.	4.	$33^{1}/_{3}$.	4.	20.	4.	—	3.	40.	3.	$26^{2}/_{3}$.	3.	20.
11.	5.	50.	5.	$41^{2}/_{3}$.	5.	25.	5.	—	4.	35.	4.	$18^{1}/_{3}$.	4.	10.
12.	7.	—	6.	50.	6.	30.	6.	—	5.	30.	5.	10.	5.	—

XI. Nachtrag.

Tageszeit für Athen.	Längster Tag 14h. 40m. Mitte Juni bis Mitte Juli		Mitte Juli bis Mitte August / Mitte Mai bis Mitte Juni		Mitte August bis Mitte September / Mitte April bis Mitte Mai		Mitte September bis Mitte Oktober / Mitte März bis Mitte April		Mitte Oktober bis Mitte Novemb. / Mitte Februar bis Mitte März		Mitte Novemb. bis Mitte Dezemb. / Mitte Januar bis Mitte Februar		Mitte Dezemb. bis Mitte Januar	
	h.	m.	h.	m.	h.	m.	h.	m.	h.	m.	h.	m.	h.	m.
Länge des Tags	14.	40.	14.	13$^{1/3}$.	13$^{1/3}$.	20.	12.		10.	40.	9.	46$^{2/3}$.	9.	20.
Länge der St.	1.	13$^{1/3}$.	1.	11$^{1/9}$.	1.	6$^{2/3}$.	1.			53$^{1/3}$.		48$^{8/9}$.		46$^{2/3}$.
hora 0.	4.	40.	4.	53^{3}.	5.	20.	6.		7.	40.	7.	6$^{6/9}$.	7.	20.
1.	5.	53$^{1/3}$.	6.	4^{4}.	6.	26$^{2/3}$.	7.		7.	33$^{1/3}$.	7.	55$^{5/9}$.	8.	6$^{2/3}$.
2.	7.	6$^{2/3}$.	7.	15^{5}.	7.	33$^{1/3}$.	8.		8.	26$^{2/3}$.	8.	44$^{4/9}$.	8.	53$^{1/3}$.
3.	8.	20.	8.	26^{6}.	8.	40.	9.		9.	20.	9.	33$^{3/9}$.	9.	40.
4.	9.	33$^{1/3}$.	9.	37^{7}.	9.	46$^{2/3}$.	10.		10.	13$^{1/3}$.	10.	22$^{2/9}$.	10.	26$^{2/3}$.
5.	10.	46$^{2/3}$.	10.	48^{8}.	10.	53$^{1/3}$.	11.		11.	6$^{2/3}$.	11.	11$^{1/9}$.	11.	13$^{1/3}$.
6.	12.		12.		12.		12.		12.		12.		12.	
7.	1.	13$^{1/3}$.	1.	11^{1}.	1.	6$^{2/3}$.	1.		12.	53$^{1/3}$.	12.	48$^{8/9}$.	12.	46$^{2/3}$.
8.	2.	26$^{2/3}$.	2.	22^{2}.	2.	13$^{1/3}$.	2.		1.	46$^{2/3}$.	1.	37$^{7/9}$.	1.	33$^{1/3}$.
9.	3.	40.	3.	33^{3}.	3.	20.	3.		2.	40.	2.	26$^{6/9}$.	2.	20.
10.	4.	53$^{1/3}$.	4.	44^{4}.	4.	26$^{2/3}$.	4.		3.	33$^{1/3}$.	3.	15$^{5/9}$.	3.	6$^{2/3}$.
11.	6.	6$^{2/3}$.	5.	55^{5}.	5.	33$^{1/3}$.	5.		4.	26$^{2/3}$.	4.	4$^{4/9}$.	3.	53$^{1/3}$.
12.	7.	20.	7.	6^{6}.	6.	40.	6.		5.	20.	4.	53$^{3/9}$.	4.	40.

XI. Nachtrag.

Tageszeit für Rom.	Mitte Juni bis Mitte Juli.		Mitte Juli bis Mitte August.		Mitte August bis Mitte Septemb.		Mitte Septemb. bis Mitte Oktober.		Mitte Oktober bis Mitte Novemb.		Mitte Novemb. bis Mitte Dezemb.		Mitte Dezemb. bis Mitte Januar.	
Längster Tag 15 1/9 Stunden.			Mitte Mai bis Mitte Juni.		Mitte April bis Mitte Mai.		Mitte März bis Mitte April.		Mitte Februar bis Mitte März.		Mitte Januar bis Mitte Februar.			
Länge des Tags Länge der St.	h.	m.	h.	m.	h.	m.	h.	m.	h.	m.	h.	m.	h.	m.
	15.	6^6/9.	14.	35^5/9.	13.	33^3/9.	12.		10.	26^6/9.	9.	24^4/9.	8.	33^3/9.
	1.	15^5/9.	1.	13.	1.	7^7/9.	1.			52^2/9.		47.		44^4/9.
hora 0.	4.	26^6/9.	4.	42.	5.	13^3/9.	6.	46^6/9.	7.	15.	7.	33^3/9.		
1.	5.	42^2/9.	5.	55.	6.	21^1/9.	7.	38^8/9.	8.	5.	8.	17^7/9.		
2.	6.	57^7/9.	7.	8.	7.	28^8/9.	8.	31^1/9.	8.	52.	9.	2^2/9.		
3.	8.	13^3/9.	8.	21.	8.	36^6/9.	9.	23^3/9.	9.	39.	9.	46^6/9.		
4.	9.	28^8/9.	9.	34.	9.	44^4/9.	10.	15^5/9.	10.	26.	10.	31^1/9.		
5.	10.	44^4/9.	10.	47.	10.	52^2/9.	11.	7^7/9.	11.	13.	11.	15^5/9.		
6.	12.		12.		12.		12.		12.		12.			
7.	1.	15^5/9.	1.	13.	1.	7^7/9.	12.	52^2/9.	12.	47.	12.	44^4/9.		
8.	2.	31^1/9.	2.	26.	2.	15^5/9.	1.	44^4/9.	1.	34.	1.	28^8/9.		
9.	3.	46^6/9.	3.	39.	3.	23^3/9.	2.	36^6/9.	2.	21.	2.	13^3/9.		
10.	5.	2^2/9.	4.	52.	4.	31^1/9.	3.	28^8/9.	3.	8.	2.	57^7/9.		
11	6.	17^7/9.	6.	5.	5.	38^8/9.	4.	21^1/9.	3.	55.	3.	42^2/9.		
12.	7.	33^3/9.	7.	18.	6.	46^6/9.	5.	13^3/9.	4.	42.	4.	26^6/9.		

www.ingramcontent.com/pod-product-compliance
Lightning Source LLC
Chambersburg PA
CBHW031452160426
43195CB00010BB/945